岩波現代文庫

文芸 51

大江健三郎・河合隼雄・谷川俊太郎

日本語と日本人の心

岩波書店

目次

第一部 講演
日本語と日本人の心……河合隼雄……1
第二部 シンポジウム
日本語と創造性……大江健三郎 司会 谷川俊太郎 河合隼雄……67
第三部 語り
日本語を生きること……谷川俊太郎……161
あとがき……河合隼雄……187
岩波現代文庫版あとがき……河合隼雄……195

写真 絵本・児童文学研究センター提供

第一部　講演

日本語と日本人の心

河合隼雄

生きることの創造性

「日本語と日本人の心」ということで話をさせていただくことになりました。この文化セミナー全体としては「日本語と創造性」という題がついております。きょうは、そうした創造的な仕事にかかわっておられます大江健三郎さんと谷川俊太郎さんもいっしょにきていただいております。「先生」というべきかもしれませんが、親しいのでさん付けで呼ばせてもらいます。

じつをいいますと、私は小説を書くとか、詩をつくるとか、絵を描くとか、音楽を作曲するとか、そうした創造的な仕事ができない人間だということは、非常に小さいときからよく知っておりました。そうした自覚がありましたので、まさかこうした創造的な仕事をしている大江さんとか谷川さんといっしょにセミナーをするなどということは、夢にも考えませんでした。私は夢が専門ですが、そんな夢も見たことがありません。ところが、現実にこういうことになりました。

どうしてかということを私はよく考えるのですが、このごろ、私もそうとう創造的な仕事にかかわっているのだなという気がしてきました。それはどういうことかというと、私の心理療法家としての仕事では、相談にこられた一人の方と必死になってその人のために力を尽くすのですが、そういうことをしているうちに、人間が一人一人生きているということじたいがすごい創造活動だ、と思うようになったのです。

そのなかで、いろいろな表現を作品として残される方もありますが、それ以上に、その人の人生そのものがその人の作品である、これはもうだれも真似ができない、世界中たったひとつしかないすごい作品としてその人の人生がある、というふうに実感するようになりました。だから、そういう人たちの生きていくことを私が助けているということは、ものすごい創造活動にかかわっているのだと思います。

そんなふうに考えて小説を読んだり詩を読んだりしておりますと、私の仕事のことがそこにそのまま書いてある。つまり私の仕事は心理療法とかカウンセリングとかいわれていますが、そういう人の相談をしていることが、そっくり書かれていると思うときがあります。

きょうは谷川さんがおられますので、谷川さんの詩で、私の仕事がそのまま書いてあると私が感じた詩をここに持ってきましたので、読んでみます。これはみなさんでもご存じの方が多いかもしれませんが、「みみをすます」(『みみをすます』福音館書店、所収)という詩です。

この「みみをすます」という詩をいちばん初めに読むのは、「みなさん、わたしの話を耳をすまして聞いてほしい」という意味で言っているのではありません(笑)。これも蛇足ですが、日本人は「そういう意味で言っているのではありません」と言っている場合は、だいたいそういう意味で言っているのです。これはだいたいまちがいありません。たとえば、「きみを非難するわけではないが」という場合は、もう非難したいときにちがいないのです(笑)。

この詩を朗読しなくてはならないのですが、私は朗読はできませんので、関西弁で読みます。

みみをすます

みみをすます

6

きのうの
あまだれに
みみをすます

みみをすます
いつから
つづいてきたともしれぬ
ひとびとの
あしおとに
みみをすます
めをつむり
みみをすます
ハイヒールのこつこつ
ながぐつのどたどた
ぽっくりのぽくぽく
みみをすます
ほうばのからんころん

あみあげのざっくざっく
ぞうりのぺたぺた
みみをすます
わらぐつのさくさく
きぐつのことこと
モカシンのすたすた
わらじのてくてく
そうして
はだしのひたひた……
にまじる
へびのするする
このはのかさこそ
きえかかる
ひのくすぶり
くらやみのおくの
みみなり

みみをすます
しんでゆくきょうりゅうの
うめきに
みみをすます
かみなりにうたれ
もえあがるきの
さけびに
なりやまぬ
しおざいに
おともなく
ふりつもる
プランクトンに
みみをすます
なにがだれを
よんでいるのか
じぶんの
うぶごえに

みみをすます

そのよるの
みずおとと
とびらのきしみ
ささやきと
わらいに
みみをすます
こだまする
おかあさんの
こもりうたに
おとうさんの
しんぞうのおとに
みみをすます

おじいさんの
とおいせき

おばあさんの
はたのひびき
たけやぶをわたるかぜと
そのかぜにのる
ああめんと
なんまいだ
しょうがっこうの
あしぶみおるがん
うみをわたってきた
みしらぬくにの
ふるいうたに
みみをすます

くさをかるおと
てつをうつおと
きをけずるおと
ふえをふくおと

にくのにえるおと
さけをつぐおと
とをたたくおと
ひとりごと

うったえるこえ
おしえるこえ
めいれいするこえ
こばむこえ
あざけるこえ
ねこなでごえ
ときのこえ
そして
おし
……

みみをすます

うまのいななきと
ゆみのつるおと
やりがよろいを
つらぬくおと
みみもとにうなる
たまおと
ひきずられるくさり
ふりおろされるむち
ののしりと
のろい
くびつりだい
きのこぐも
つきることのない
あらそいの
かんだかい
ものおとにまじる

たかいびきと
やがて
すずめのさえずり
かわらぬあさの
しずけさに
みみをすます

(ひとつのおとに
ひとつのこえに
みみをすますことが
もうひとつのおとに
もうひとつのこえに
みみをふさぐことに
ならないように)

みみをすます
じゅうねんまえの

むすめの
すすりなきに
みみをすます

みみをすます
ひゃくねんまえの
ひゃくしょうの
しゃっくりに
みみをすます

みみをすます
せんねんまえの
いざりの
いのりに
みみをすます

みみをすます

いちまんねんまえの
あかんぼの
あくびに
みみをすます

みみをすます
じゅうまんねんまえの
こじかのなきごえに
ひゃくまんねんまえの
しだのそよぎに
せんまんねんまえの
なだれに
いちおくねんまえの
ほしのささやきに
いっちょうねんまえの
うちゅうのとどろきに
みみをすます

みみをすます
みちばたの
いしころに
みみをすます
かすかにうなる
コンピューターに
みみをすます
くちごもる
となりのひとに
みみをすます
どこかでギターのつまびき
どこかでさらがわれる
どこかであいうえお
ざわめきのそこの
いまに
みみをすます

みみをすます
きょうへとながれこむ
あしたの
まだきこえない
おがわのせせらぎに
みみをすます

みなさん、聞いていただいたらわかると思いますが、これを読んでいますと、「みみをすます」のすばらしさが実感されます。このとおりのことを私がやっているとは言いません、私のやりたいことがここに書いてあると思います。

私のところにこられた方がいろいろな相談をされる。兄弟げんかをして、「あんな憎らしい兄貴はいない」と言う人もいるし、あるいは嫁と姑で、もう姑さんがいつお亡くなりになるでしょうかということに希望の星を見いだしてがんばっている方もおられる。そういう話を聞きながら、私はほんとうはこの詩にあるようなすべてのことを聞いていないといけないと思うのです。

だから、ほんとうのところ、たとえば、「わたしは親父なんか殺したいんです」と言われたときに、私が「いやあ、恐竜が生まれてきたようですね」とかなんとか、そういうあいさつをすれば、すごくすばらしいと思うのですが、まだそこまでいっていません。

これはほんとうに冗談ではなくて、一人の人が生きているということはものすごいものを背負っている。そして詩の最後にもありましたように、おそらく未来も背負っているのではないでしょうか。未来も全部背負って一人の人間がそこにいる。その人に私がお会いしているというふうに考えると、この詩は私のやりたいこと、やろうとしていることをそのまま書いてくださっていると思うのです。

日本語の身体性

それから、きょうの題である「日本語」ということに関係してもうひとつ思いましたのは、この詩の題の〝みみをすます〟という言葉は、そうとう日本的な表現なのです。

きょう朝御飯を食べているときに、谷川さんにお訊きしたら、英語に訳す方が、この

「みみをすます」を訳すのにだいぶお困りになったようです。みなさんのなかで英語のできる方は、これを英語にするときにどうするかと思われたら、それがわかると思います。直訳はできないですね。たとえば、「耳をそばだてて聞く」という言い方があります。それに似たような英語はあると思いますが、「耳をそばだてて聞く」のではないのですね、耳をすますのだから。

これはほんとうに私が心掛けていることで、われわれカウンセラーが心しなければならないことです。このなかにありました。それはどういうことかというと、

（ひとつのおとに
ひとつのこえに
みみをすますことが
もうひとつのおとに
もうひとつのこえに
みみをふさぐことに
ならないように）

ということ、これはほんとうに大事なことなのです。

ともすると、われわれのような仕事をしておりますと、夫婦の問題などでよくありますが、たとえば、先に妻のほうがこられるとすると、自分の夫がどんな情ない男であるかということを話されます。それを聞いているうちに、「ほんとうにそんな男はもう男のカスだなあ」とわれわれも思いそうになるのですが、それではだめなのです。その言われたことを全部聞いていないといけないのですが、その奥さんが話をされている声に耳を傾けすぎて、その夫の声が聞こえなくなっていると、われわれの仕事は成り立たないのです。だから、一生懸命に奥さんの話は聞いているのですが、その合間、合間に聞こえてくる夫の声を聞いてなかったら、われわれは失敗してしまいます。

それは非常に難しいことです。私が注意をすごく集中して、その奥さんの声ばかり聞いているとだめなのです。耳をすまさないとだめなのです。耳をすますというのは、スーッとすんでいるわけですから、その前にいる人以外の音も全部落ちてくるというか、全部入ってきてもいいようになっているということです。そういう状況にいるから、われわれの仕事が成立するのです。この「耳をすます」という非常にいい表現は、ほかの国の言葉ではちょっと言いにくいのではないかと思います。こういう表現を持っているところは、日本語のなかなかおもしろいところだと思います。これは文法的にいっても、また非常におもしろいのだろうと思いますが、私は文法的な話ができませんので、そこはみなさんが考えて下さい。

なにかひとつのことに注意を集中するというのではなくて、スーッと耳をすましているということを、英語で言おうと思うと、どうなるかと言いますと、じつは非常に似たようなことを言った人がいます。それはだれかというと、フロイトです。

フロイトはどう言ったかというと、「われわれ精神分析家は平等に漂える注意を持たねばならない」と言ったのです。「平等に漂える注意」というのは、ドイツ語とか英語でいうと、じつは自己矛盾しているのです。なぜかというと、英語とかドイツ語で「注意」というのは、ひとつに向かっているときに注意というのです。「わたしはある人に注意している」とか「ある物音に注意している」とか、一点に集中しているのを「注意」といいます。それを「平等に漂える」といったら、そんなもの注意じゃないではないかと言いたくなるのですが、その「平等に漂える注意」を持つように自分を訓練しなくてはならないということを言っているのです。

しかし、そういう矛盾をふくんだ「平等に漂える注意」という言葉を発明してフロイトが言わねばならなかったことを、われわれ日本人は日常語に持っているのです。これはすごくおもしろいことだと思います。

もうひとつ言えることは、この「みみをすます」がおもしろかったので、外国人がどういうことを言っているかといろいろ探してみたのです。そうすると、さっき言ったフロイトの「平等に漂える注意」というのをすぐ思いつきましたし、もうひとつは、これはちょっと忘れましたが、非常に有名なアメリカの分析家で、ずいぶん前です、このごろはそんな本は読まれていません、私が精神分析を勉強しはじめたころですから、一九五〇年代だと思います。そのときに"Listening with the third ear"という本を書いた人がいます。つまり「第三の耳で聞く」という表現をした人がいます。この人の言いたかったことは、ふつうは二つの耳で聞いているのだけれども、三番目の耳で聞かないと、精神分析はできないということを言っています。

この本はたしかにおもしろいのですが、しかし、私から言いますと、ちょっと精神分析的すぎるというか、だれかがものを言ったら、その無意識は何を言おうとしているかという場合に、あまりにも精神分析の枠組みで解釈し、考えようとしているという感じがあります。つまり虚心坦懐に「耳をすます」感じではない。それにしても、『第三の耳で聞く』という本があったということはすごくおもしろいですね。私は「みみをすます」のほうがもっともっと広いのではないかと思っています。

もうひとつ、ちょっと似たような表現としては、『身体の声を聞く』という本がありま す。これは"Listening to our bodies"という原題で、横山貞子さんが訳されて、思想の科学社から出ています。ステファニー・デメトラコポウロスという女性の著者です。この本の日本訳の題は『からだの声に耳をすますと』で、ここに「耳をすます」が出てくるのは興味深いです。

この原書は一九八三年の出版ですが、アメリカの人たちに、自分たちの近代的な生き方ということにだんだん反省が出てきまして、どうも近代主義ではだめだ、それを乗り越えるためにどうしようということのなかから出てきたものと言えます。つまり近代人は身体の声を聞くのを忘れすぎている、だからもっと身体の声を聞こうという意味で出てきた本です。これはなかなかおもしろい本です。

しかし、考えてみると、日本人はむしろ身体の声を聞くことを、いままでずいぶんやってきたのではないかと思います。だから、言葉と「身体性」のかかわりが非常に深いものがあります。「身体」といわずに、わざわざ「身体性」といって「性」をつけているのは〝わたしが生きている身体〟、そういう意味です。みなさんはご存じのように近代医学は身体を心から離してしまいますね。だから、近代医学では心を抜きにしてからだを厳密に調べて、そしてどこが悪いか、どこがいいかというふうに調べるのですが、そういう近代的な心とからだを分けて考える身体というのではなくて、わたしが生きている身体、わたしの心と不可分に密着している身体という意味で「身体性」と私は言いたいと思うのです。

そういうふうにいうと、日本語は「身体性」とかかわる言葉を非常にたくさんもっていると思います。先ほどの「耳をすます」ではありませんが、そうしたおもしろい表現がある。そのなかで、みなさんは自分でお考えになったらすぐにたくさん出てくると思いますが、例として「腹」をちょっと挙げてみたいと思います。

日本語には「腹が立つ」「片腹痛い」「腹を割って話をする」「腹を据える」「腹におさめる」「腹の虫がおさまらない」「むかっ腹が立つ」とか、「腹」をめぐる表現が数多くあります。「ハラハラ」なんてのもありますが、これは冗談です。これほど腹の表現が多いのは珍しいのではないでしょうか。

これは英語にはできないと思います。そのときに、たとえば、近代人だったら、ものを脳で考えるということはみんな知っていますから、これを置き換えて「片脳が痛む」「脳を割って話をする」としてみましょう。それではあまり感じが出ない。

ところが、非常におもしろいことに、「片腹痛い」「腹を割って話をする」とかいうのがみんな通用しているのはどういうことかというと、つまり「考える」「思考する」ということよりも、「感じること」、あるいは感じるよりももっと広く、「わたしが生きている」ということを全体的に考えますと、頭にもっていくよりも腹を中心にもっていったほうが感じがわかりやすいのではないでしょうか。そうした意味で日本人は「腹」を使っている。

こういうと、よいようにも聞こえますが、日本人には巧妙にずるく腹を使っている人がたくさんおられます。頭を使わずに腹だけで政治家になっておられる方なんか見ていますと、腹を割って悪いことをしておられたり、腹と腹でずるい話を考えたり、いや、考えないんですね、腹と腹でやっておられますから、だから、そういう人は反省するために知能を使うことはありえない。そういうのをハラハラドキドキというのかもしれませんが、そういうのを見ていると、ものすごくそれこそ腹が立ってくるのですね(笑)。

じつは私は若いときにはそういうことがものすごくいやでした。だから「腹」なんて聞くだけで腹が立つと言いたくなる、腹ではなくて、もっと頭で考えて、政治なんていうものはどうすればいいかとか、どんな政策が意味を持つのかとか、そういうことを考えるように日本人はならないとだめではないかということをしつこく思ったのです。

しかし、このごろは私自身は両方のジレンマのなかにいます。西洋人のようにあれだけ明確に思考して論理的に積み上げていくのはすごいなと思う。すごいとは思うけれども、はたしてそれだけでいいのだろうか。つまり近代の欧米のなし遂げたことを、日本はいまもいっぱい輸入している、ほとんどそれの真似をしているのですが、それだけではどうもだめで、われわれ日本人が昔から持っていること、これをなんとか保持したいという気持ちもあって、すごく迷うのです。

迷いながらいろいろなことを考えますが、そうすると、これは日本の昔のことを調べねばならないというので、これまでそれほど関心がなかったのですが、このごろ大急ぎで日本のいろいろなことについて勉強を始めているところです。

日本的なものの深層にある仏教

私は先ほど言いましたように、若いときは日本的なものは大嫌いでしたから、これから日本人に必要なのは自然科学である、科学的に合理的にものごとを考えるのが大事だというので、大学では数学を専攻したぐらいですから日本の文化のことはなんにも知らない。

それに、私は、若いころは戦争中でなんにも習っていないのです。中学校二年まで習って、あとは工場へ行きまして、旋盤というのをご存じですか、その旋盤を使って大砲の弾をつくることばかりやっておりました。中学二年からはもうなにも習わなくて卒業して、理科系に進んであとは数学なんかやりましたから、私は幸か不幸か、ほとんど国文学を学校で学んでいないのです。歴史も、小学校では習いましたが、そんなに習っていない。なにも知らないのです。そのなにも知らないということを武器にしてこのごろは勝手な勉強をしているのです。

そうして勉強を始めて気がついたことは、われわれは自分が意識するよりも、はるかに仏教に影響されているということです。みなさんのなかで、自分は非常に仏教的に生きていると思っておられる人は少ないのではないかと思います。私もそう思っていました。思っているどころか、正直にいうと、仏教はあまり好きではありませんでした。

そして、好きでないと思っているのに、外国へ行くと自分は「仏教徒」だなどと書かなければいけませんから、書くときに恥ずかしい思いをして書いていました。このごろは、思いのほかに仏教の影響を受けていると思っています。その証拠に、われわれがふつう日常語に使っている言葉のなかには、仏教の言葉がいっぱい入っています。

私が非常に印象的だったのは、あるカトリックの教会の結婚式に行ったときのことです。神父様が「ご結婚おめでとうございます」と言って説教をされますね。そして、「新郎新婦は末永くいっしょに生きていかねばならない。ずっと仲良くしなさい」というときに、「夫婦は一蓮托生ですから」と言われました。これにはすごく感激しました。「一蓮托生」というのは仏教の言葉なのです。カトリックの神父様が堂々と使うのだから、それはなにも急に仏教の言葉を借りたのではなくて、日常語として言っておられると思うのです。

「一蓮托生」というときに、われわれは日常語として使いますね。そういうふうに日常語に使っている言葉のなかに、仏教語がたくさん入っています。だれか関心のある人は、いっぺんみんなの日常語を録音して、そのなかに仏教語がどのくらいあるかというのをお調べになったらわかるぐらい、おもしろいことだと思います。

そんなわけで、仏教のほうをちょっと勉強しますと、日本人がそういう言語表現、「腹」とかいうようなことを言って、論理的に表現していくことをあまり好まないということの意味が、だいぶわかってきました。

仏教といいましても、いろいろな考え方があって、派があって、簡単に言えませんが、大乗仏教の場合、非常に中心的な考え方だといっていいと思いますが、その世界の見方は、いうなれば、自然科学的世界観のまるきり逆といっていいのではないかと私は考えます。

いまからちょっとお話しすることは、井筒俊彦先生のお書きになった『意識の形而上学――大乗起信論の哲学』（中央公論社）という本からの受け売りです。

ついでにちょっと言っておきますと、この井筒俊彦という方は、日本が世界に誇れるすばらしい方だったと私は思っています。非常に残念なことに、一昨年（一九九三年）亡くなられました。私の仏教の勉強のいちばん大きい手引になっているのは、だいたい井筒先生です。

この井筒俊彦先生のお書きになった本を見ていますと、仏教で非常に大事なこととして「真如」という言葉があります。要するに、「真如」ということがわかれば、もう仏教では終り、悟ったということになるのでしょう。ところで、この世界のなかで私のような俗人はひとつひとつこだわって、ここにマイクロホンがあるだけではなくて、このマイクロホンはどのぐらいの値段がするのだろうかとか、どこのメーカーだろうかとか、そういうことを考えますが、そういうふうにひとつひとつ区別していろいろなことを人間がやっているのはすべて妄念、妄想であって、世界というのはほんとうはひとつで、そのひとつの世界というものには、そんなわれわれが必死になっている区別などというのは存在しない。まったく区別はなくて、いうならば、すごいエネルギーの固まり、ただもう存在しているというふうな、そういうものなのだ。それが「真如」なのです。そういう「真如」がこの世にあらわれてきて、マイクロホンという形になってみたり、私という人間になってみたり、一人一人みなさんのようになっているのです。

だから、考えて見ますと、「私」というのを私はすごく大事にしているのですが、ほんとうは「私」などというのも、真如のほうからみれば妄念なのです。

これは谷川俊太郎さんといつか雑談していて出た話ですが、谷川さんも覚えておられて、私も覚えていた子どものときに読んだ本で、「怖かったなあ」というので忘れられない話があります。それはどんな話かといいますと、まさに仏教的な話です。

それは昔、「日本児童文庫」(アルス)というのがありました。私の教養はほとんどその日本児童文庫によっているのです。そのなかに『印度童話集』という巻がありまして、どんな話があるかというと、ある旅人が旅に行って、小屋にいますと、一匹の鬼が人間の死体を担いでその小屋に入ってきました。その鬼はその小屋のなかで死体を食べようと思っていたのでしょうね。そう思っていると、あとからもう一匹の鬼がきました。そして、もう一匹の鬼がその死体を食おうとするのです。初めの鬼が「いや、ちがうちがう、これはおれがとってきた獲物だ」と言うと、あとからきた鬼が「そんなことない、これはおれのもんだ」と言い合いをするのです。

その二匹の鬼がいさかいをして決着がつかないので、「ああ、そういえば、ここに旅人がおる。それでは、この旅人に訊いてみよう、この死体はどっちの鬼のものかということをこいつに訊いたらわかるんじゃないか」と言うのです。旅人は怖くて困りましたが、まあ、正直に言うよりしかたないと思ったので、「いや、初めにきた鬼さんのものでございます」とか言ったのでしょうな。

そうすると、あとからきた鬼がものすごく怒って、「なにを言うか」といって、その旅人の腕をパッとちぎったのです。「痛い!」って思うと、初めにきた鬼が「いやいや、大丈夫」って、死体の腕をパッとちぎってつけてくれたのです。そうすると、あとからきた鬼がもう一本の腕をパッとちぎる。もう一匹の鬼が死体の腕をまたつけてくれる。こんど頭をパッとちぎられると、またパッと頭をつけてくれる。というわけで、そのうちに、旅人と死体が入れ代わってしまったのです。そうすると、二匹の鬼は「もう疲れたから、二人で半分ずつしようやないか」といって、「死体」を食ってしまったのです。それで鬼は行ってしまいました。

あとに残った本人は「わたしはだれか?」って、わからなくなってくる。「わたしはわたしなんだろうか?」「わたしは死んでいた死体なんだろうか?」というすごい哲学的疑問に巻き込まれたのです。というところまでしか私は覚えていないのです。

この話が私はものすごく怖かったのです。すごく怖い話で、「わたしはいったいなにか?」ということを子供心に思いました。じつはそのあと、ちゃんと答えは書いてあったのです。書いてあるのですが、私は完全に忘れていました。

谷川さんとお話ししていたときに「あの答えは忘れましたなあ」と言ったら、谷川さんもたしか覚えておられなかったと思うので、谷川さんに「その本を教えてください」と言ったら、じつは谷川さんのところにもなくて、大岡信さんの家にあるというので、わざわざコピーを送ってもらいました。

コピーを見たら、答えはどう書いてあったと思いますか? 「そもそも私なんてないのに、あると思うからそんなばかなことが起こるんだ」ということを偉いお坊さんが言われるのです。それで、「ああ、なるほど」ということで終わるのですがね。こんな答えが子供心にわかるはずがないのですね。

つまり、そもそも私なんかないのだというのは、真如という観点からすると、私がいて、あなたがいるというのは妄念なのです。全部真如のあらわれとしてみんなが動いているのですから、という考え方なのです。だから非常に大事にしている「私」というものさえ、もう私もあなたもないというぐらいのすごい区別のない世界というもの、これが世界だということがわかって、いまここに生きている。そのあらわれとして私が生きているというふうな生き方をしましょうというのが仏教の考え方です。

そこで仏教のおもしろいところは、そういうふうに言っておいて、つぎにどう言うかというと、じつは、この一人一人が別々に「この花と私はちがう」とか「マイクロホンはどこ製ですか?」と言っているのも真如だというのです。だから、妄念だといっぺん全部否定しておいて、じつはその妄念そのものもじつは真如なのだという非常に矛盾に満ちた言い方をします。これが仏教の特徴です。

しかし、それは真如なのだというのですが、やはり区別していえば、私が言いましたもともとの全体というほうは、言葉では言えないのだから、またいろいろな言い方がありますが、きょうは言葉のことに関係しますので、これだけ言いますが、これを言葉で言えないから離言真如、それからその離言真如のあらわれとしての、たとえば「花」と言葉で言っていますね、そういうのは言葉に依っているので依言真如という。おもしろい言い方ですね。

そうすると、いうならば、いちばんの底のところのいちばん大事なところは離言だという前提があるのです。だから、そのことをうっかり言ったらもう依言真如になりますからね。だからいちばんいいのは、ただ黙っていることになってくるのです。

実際そうでしょう。禅は不立文字《ふりゅうもんじ》といいます。言葉を立てないと禅の人ははっきり言っているのです。だからこれは離言なのです。「禅は不立文字です」「なにも言わない」といって、本屋へ行くと、禅の本がものすごくたくさんあるのですね。これが言葉のおもしろいところなのです。「不立文字」ということを説明しようと思ったら、どうしてもたくさんの言葉を費やさねばならないのです。

だから、人間というものは非常に不思議なもので、離言真如ということを言おうとしても、言葉に頼らねばならない。言葉に頼りすぎていると、もうどこか離れていくというようにおもしろい矛盾を背負ったなかで言語があるのです。日本人はどうしてもこういう考え方の影響を受けていますので、やはりなにか言わないほうがどうもいいというふうなところがみんなにある。

日本人で「あの人はよくしゃべる」というと、なんか軽く見られます。私などはよくしゃべるほうですからずいぶん軽く見られているのですが、私はどうも西洋のほうが好きだったから、どうしても言語に頼るところがあるのだと思います。真に大切なことは言語で表現できない、とは言っても、人間は言語によらずに多くのことを表現することは不可能である。この矛盾を大事に生きるのが仏教だというふうに井筒先生は書いておられるのです。そこが私の井筒先生の非常に好きなところなのです。

ふつう下手をすると、仏教のほうはあちらに行ってしまって、あるいは日本的といわれている人たちはあちらに行ってしまって、何も言わないか、あまりにも不可解なことを言う。依言と離言の矛盾を抱きかかえたままでなかなか発言しようとしないところがあるのではないでしょうか。

片子として生きる

この矛盾を抱えてというところ、この点で、私は昔ばなしが好きですから、私の自分自身のことを考えて、昔ばなしのなかにある片子というのを使ってよく話をします。これは、ご存じの方も多いと思いますが、日本の昔ばなしに「鬼の子小綱《こづな》」と一般にいわれているたくさんの類話があります。この「鬼の子小綱」の話それ自体としては非常におもしろいことはほかにたくさんあるのですが、それは残念ながらちょっととばして、ひとつのことだけに焦点をおいて話をします。

この「鬼の子小綱」のなかに出てくる片子というのはどういうことかといいますと、初めに若い夫婦がいまして、話は略しますが、この妻のほうが鬼にさらわれて鬼ヶ島へ行ってしまうのです。妻のほうはそこで鬼と結婚させられます。夫のほうは自分の妻をあちこちあちこち捜しまわるのですが、なかなか見つからなくて、とうとう十年たって鬼ヶ島へ行きます。

鬼ヶ島へ行きますと、一人の子どもがいます。見ますと、その子どもは半分が鬼で、半分が日本人であるとなっているのがおもしろいですね、人間と書かないで半分が日本人となっているのです。半分が鬼で半分が日本人の子がいました。「おまえだれだ？」と言うと、「ぼくは片子だ」と言います。「エッ？」と言うと、「うちのお父ちゃんは鬼で、お母ちゃんは日本人や」と言う。それで尋ねて行った男は、「それは自分の妻だったんで、いま捜しにきたんだ」と言うと、「そんなら連れて行ってやろう」というんで、片子が案内していくと、自分の奥さんがいるのです。そうすると、その妻のほうは、「あんた、とうとう迎えにきてくれたのね、わたしは日本に帰りたくて帰りたくていつも海を見て涙を流していたんだ」と言います。「さあ、帰ろう」ということで、夫は妻と片子も連れて帰ろうとします。このあいだにいろいろなことがあります。これは省略しますが、いろいろ問題があるのを片子が全部助けてくれます。片子の知恵で二人は鬼から逃れて帰ってきます。

そして日本へ帰ってきました、めでたしめでたし、それで終わっている話もあります。終わっている話もあるのですが、それから続く話もあるのです。どんなふうに続くかというと、そこに片子はいたのですが、半分が鬼で半分が日本人なので居づらくなりました、と書いてあるのです。この「居づらくなった」という表現はすごくうまいですね。つまりだれがどうしたということはないんだけど、ともかく居づらいのですよ。

みなさんのなかに、そういう人はおられませんか。取り立てて意地悪されているわけではないけど、ともかく職場に居づらいとか、家に居づらいとかね、これは日本人が非常に上手ですね。「あんた嫌い」なんてだれも言わないのだけど、ジワーッとこう圧力が加わって、「居づらいなあ」と思う。

そして居づらくなった片子は自殺をします。昔ばなしのなかで子どもが自殺する話は非常に珍しいのです。私はずいぶん調べましたが、ものすごく珍しい。ないとは言いません、ほかにもありますが、すごく珍しいのです。しかも、自殺のしかたが凄まじい。大木に登って身投げして死んだとか、小屋をつくって、柴を入れて、なかに入って火を放って死にましたとか、凄まじい死に方をする。

私がなんとも言えない気がしたのはどういうことかというと、それを読んでいて、「わたしは片子だ！」という気がするのです。

どうしてするかというと、私の父親はC・G・ユングとかいう鬼なのですよ。つまりヨーロッパ人なのです。母はだれかというと、日本のグレート・マザーというか、日本にいるかぎり逃れることのできない「母なるもの」。そのなかに住んでいながら、わざわざヨーロッパまで行って、ヨーロッパの怖いお父ちゃん、ユングというふうなヨーロッパ的な考え方を身につけて日本へ帰ってきまして、そして私はたしかにずいぶん居づらい思いをしました。ともかく、そんななかで自殺をせずに生きてきたのです。

これを片子を読んだときに思いまして、なんとかして生きねばならない。死んではならない。しかし、どうして生きるかということがたいへんな問題である。それが私の課題でない。

あると思っていたのです。

そんなふうに思っていましたときに、ここにきょう来ておられる大江さんがノーベル文学賞を受賞なさって、受賞式の時に話をなさいましたのが、ここに持ってきていますが、「あいまいな日本の私」という講演です（『あいまいな日本の私』岩波書店、所収）。大江さんは「あいまいな日本の私」という言い方をしておられますが、これは片子だと私は思いました。つまりこちらでもないあちらでもない、こちらでもあるあちらでもあるというそういうなかに生きている日本の私です。これを「私」と書かないで「日本の私」と書いておられるのは、私の考えでは、日本人全体がこれを背負っている、そして全体のなかの一人として自分は生きているという、そういうことだと思います。

そして、この「あいまいな日本の私」を拝読すると、すごく心に残るところがあります。もちろんこの「あいまいな日本の私」というのは一種のパロディで、「美しい日本の私」ということを川端康成がノーベル賞をもらったときに言いましたから、それを踏んで書いておられるのだろうと思いますが、川端康成がノーベル賞受賞のときにどんなことを言ったかということを、そのときに大江さんは語っています。あのとき川端康成は明恵《みょうえ》上人の歌とか、そういう歌を引用して話をしていました。「現代に生きる自分の心の風景を語るために、かれ〔川端〕は中世の禅僧の歌を引用しています。しかも、おおむねそれらの歌は、言葉による真理表現の不可能性を主張している歌なのです」。離言真如です。

つまり言葉で言っているのだが、言葉で言いながら、言葉では言えないのですよということが籠っている歌なのです。だからこういう言葉をたしか使っておられたのですが、下手をすると、その言葉が閉じてくるのです。せっかく話をしていながら、なんか「あなた方ヨーロッパの人にはわかるまい」ということが、非常に直接的にみんなに迫るようなそういう話になっているのです。

それはもうだめで、ヨーロッパの人にもアメリカの人にも中国の人にも、あるいは韓国の人にも、開く言葉ということでわれわれは語るべきではないだろうか、あるいは語らねばならないのではないだろうか。しかし、そういうことを考えだすと、とたんにあいまいになってくるのです。つまりなんでもパッと話したらいいから、依言真如でいこうとしても離言真如のことも知っている。そういうなかで、川端康成は自分のなかに入り込んでいる日本の言葉で、平気で「日本はこんなんですよ」と言って喜んだのだけれども、われわれはもうそうはいかない。そうはいかないとなったとたんに「あいまいな日本」となるし、私に言わせると、「片子」になるというわけです。

ところが、私は私自身のことを話すつもりで片子の話をアメリカやヨーロッパでしたのですが、そうすると、おもしろいことに、聴衆の人たちはみんな自分のこととして聞いたと言われるのです。あちらの聴衆の方は、あとで手紙をくれたりしゃべりにきたりする人が多いので、なるほどと思ったのですが。そして、自分たちはあなたの話を自分のこととして聞いた。「どうしてですか?」と言うと、「いや、私は精神と肉体の片子だ」と言った人がいます。つまりいま生きているということは、精神ということと肉体、その分裂をどう生きるのか、そのような片子として生きているのだというのです。あるいは、「私はユダヤとキリスト教文化圏のあいだの片子だ」と言った人もいます。そんなふうに言っていくと、いろいろなところで、みんなヨーロッパやアメリカの人まで、どこかで片子性を背負っているのです。

だから、私がいま大江さんのことについて言ったのがまちがっていたら、あとで訂正してほしいのですが、こういう話をされても、おそらくあちらの人にすごくうけたのではないかと思います。現代人はあちらの人もどこかで自分の片子性、あいまい性を意識してきているのではないか。

これはどういうことかというと、近代というものは非常にすっきりとしていたのですが、近代というものを乗り越えようとしてそのあとをねらうかぎり、どうしてもこういうことが入ってくるのではないかと私は思っています。この近代というものの特徴は、自然科学とテクノロジーです。二十世紀は自然科学とテクノロジーが爆発的に発展した時期ではないかと思います。自分の人生で考えても、子どものころといまを比較すると、テクノロジーの発達はすごいものです。テレビとか、ロケットで月へ行くとか、こうしたことはみんな空想科学小説のジャンルだったのですが、いまは全部現実になっています。

だから、そういうことをやり抜いたので、みんながそういうことはすごく好きになったのだが、どうもこれだけではだめだ、ここからなにかわれわれは考え直さねばならないというときに、どうしてもちがうものを入れてこなければならない。そこに、欧米の人までわれわれは片子だというふうなことが入っているのではないかと思うのです。

そんなときに、日本人というのは欧米に追いつけ追いこせで、ずいぶん真似をして近代的な生き方をしているのですが、まだまだ日本的なものを引きずって生きていると思います。これはまさにあいまいで、それを悪いという言い方もできるし、よいという言い方もできるのですが、私は両方を持っているところは非常におもしろいと考えているのです。

日本語の主語とは

そういう点で日本語を見ますと、近代の科学主義、テクノロジーとまったく逆のほうの言葉を非常にたくさん持っていると思います。端的に言うと、多くの言葉の背景に離言真如的な考えがちらついているのです。私とマイクロホンは区別されている。あるいは鳥と動物と哺乳類と人間とは区別して考えるというふうな考え方と逆に、みんなともかくいっしょじゃないか、このみんないっしょにつながっているということを表現するのに、非常にやりやすい言葉をもっているのです。

それは例を挙げれば非常にわかりやすいと思いますが、われわれは話をするときに、主語とか目的語を省略するのではなくて、意識をせずにしゃべっていることが多いのじゃないでしょうか。ひとつの例を挙げますと、みなさんがよくご存じの「ぞうさん」という歌があります。その二番で「ぞうさん　ぞうさん　だれが　すきなの」と訊くと、ぞうさんの子どもが「あのね　かあさんが　すきなのよ」と言います。あの「あのね　かあさんがすきなのよ」というのは、英語になったらどうなると思いますか。「イエス・ア イ・ラブ・マイ・マミー」とかいって、だれが主語か言わなければならないのですよ。「かあさんが　すきなのよ」といったら「かあさん」が主語みたいに感じませんか。あのときに「私は……」とかなんとかひとつも言わないのですね。「かあさんを」とも言わないでしょう。英語的表現をすると「私は母を愛します」という。ところが、「かあさんがすきだ」と言っているときは、言っている子どもはもうそのなかに入って、消えているぐらいの感じなのです。そういう言い方のできるのが日本語だと思います。そういうのをたくさん持っていて、みんなは平気で使っておられます。

私は若い人によく「〝アイ・ラブ・ユー〟というのを日本語に直したらどうなる?」ときくと、「私はあなたを愛します」という人が非常に多い。つまり「あなた」が目的語になるのです。ところが、本来の日本語にはそういう言い方はないと思います。「愛します」なんて言い方はふつう使いませんからね。「好き」と言おうと思ったら、「あなたが好き」としか言いようがないですね。もちろん「好き」だけでもいいのです。あるいは「いとおしい」と言うときに、「あなたをいとおしい」と言う人はないと思います、「あなたがいとおしい」。そのときに、主語のほうはどこかに消えていくような言い方を、われわれは日常茶飯事にやっている。

いや、それは日本語だけではありません。イタリア人などがそうですが、イタリア語の場合は主語をとばして言うことがすごく多いのです。しかしそういうときでも、主語を省略しているというふうに思っていると思います。いちいち「I〜」なんて言わなくてもわかるから、あるいは「I'm going〜」でも「going」だけでわかるからというけれども、意識のなかには「I」という主語はあると思うのです。ところが、われわれはそれを意識していない状態ではないかと思うのです。

その非常に典型的な体験を私は隠れクリスチャンのことを研究しているときにしました。隠れキリシタンのことをいろいろ調べていましたので、長崎の島まで行きまして、隠れクリスチャンの家のずっと後裔、いまはもう隠れクリスチャンでない方のところへちょっと尋ねて行って、しゃべっていたのです。行きますと、その方が「先生、いまは科学の時代ですから、なにも神も仏もないですよ」と言われるのです。私は日本人ですから、「へへエー」と言っていましたが、「そんなもう、なにもありませんわ、キリストもなにもない」と言われるのです。「ああー」とかいって見たら、すごく立派な神棚が祀ってあるのです。しかも、お灯明が上がって、榊が祀ってあって、完全に祀っておられることは明らかです。ちょっと悪いかなと思いましたが、「あれは……?」と神棚のほうを指しますと、その人は平然として、「いや、あれがあると落ち着きますからな」と言う。私は「いや、ほんま落ち着きますねえ」と言いました。その人の言い方はもっと傑作でね、「わたしは新教はあれがないから嫌いなんですよ」と言われるのですよ、「新教」ってなにかわかりますか、カトリックのことなのです。

それはすごくおもしろくて、隠れクリスチャンの人はみんな自分たちのが本来の宗教で、日本が開国したあとでやってきたカトリックは新しい宗教だと思っておられるのです。だから、そういうのはみんな新教、新教と言われるのです。だから、自分らは本来的だったのだが、新教がきたのでと思っておられるらしいのです。それはともかくとして、自分は古いほうも新しいほうも全部やめてしまった。やめてしまったのだけれど、「あれがあると落ち着きますなあ」と言われて、私は「ああ、これが日本人の宗教的な生き方をあらわすすごくよい例だな」と思ったのです。

それでヨーロッパへ行きまして、ヨーロッパで隠れクリスチャンのことを発表しました。そうすると、あとで質疑応答の時間があって、日本人の宗教性はどうもわかりにくい。われわれから見ていると、まったくないと言いたくなるときと、ものすごくあると言いたくなるときと、どうもわからないと言われました。私はその「あれがあると落ち着きますなあ……」の話がすごくいいと思い、その話をしようと思って、話をしかけたのです。そして、「あれがあると落ち着きますなあ」というところを英語で言おうと思ったら、フッと詰まったのです。なぜ詰まったかというと、だれが落ち着くのかわからんわけですよ。その人を主語にして、「I」として「私が落ち着きます」というのか、いや「家が落ち着きます」というのか、宇宙が落ち着くのか、われわれが落ち着くのか、そこの主語になにをもってくるのかで、ものすごく変わってしまうのですね。ところが、その人は言っていないのですよ。

しかも、私はそのままで「いや、そうですねえ」なんてやっていた。二人ともそのときはなんにも意識していないのです。そのときに私がパッと意識して、ああ、これは「I」を省略してるとかなんとか、そんなことやっていないのです。それで、思ったのは、われわれは非常に大事なときに主語とか目的語を意識なしですまして、言葉をしゃべっている、そういう非常におもしろい言葉を使っていると思いました。

私たちの心理療法の世界で言いますと、こんなおもしろいことがありました。それはどんなことかと言いますと、われわれは一九五〇年代にカウンセリングということを始めたのですが、ほんとうのところは、どうしたらいいかわからないのです。いろいろ相談にこられるのに、ほんとうに考えだすと、なにが正しいかわからない。

たとえば、だれかがこられて、「私は理学部を受けようか文学部へ行こうか迷っています」などと言ったときに、テストして、「あなたは理学部へ行け」なんて、そんな簡単に言えないですね。そのときには私は責任を持って言わねばならない。あるいはだれかがこられて「うちの子どもは夜尿します」と言われるが、夜尿症の原因などは、そりゃ言おうと思ったら言えますが、ほんとうはなかなかわからない。

そんなときに、どうしようかと思って私たちが非常に困っているときに、ものすごい福音がありました。いや、もう大丈夫、必ずできる方法があるというのです。それはどんな方法かといいますと、C・A・ロジャーズという人がおり、日本人にものすごい影響を与えています。その人の考え方もだんだん変わっていきますので、われわれも変わっていくのですが、いちばん初めに私たちの読んだ本が、『非指示的《ノン・ディレクティヴ》カウンセリング《カウンセリング》』という本でした。

それはどういうことかというと、こられた人に対して、私は指示を与えないほうがいいというのです。こられた人が自分で考えられるのだから、いちばん大事なことは指示を与えないことだと書いてある。ともかく指示を与えなかったら、その人が自分で解決されるというのです。これはものすごくいい方法です。私は勉強もなにもせんでいいのですよ、要は指示をしなかったらいいのです。

そうすると、相談にこられて、「うちの子どもは夜尿して困るんですよ」と言われたら、ふつうすぐに「エッ、夜尿はいつから始まりましたか？」とか「子どもさんは何歳ですか？」とか「ご主人の職業は？」とか言うでしょう。そういうのは全部だめなのです。そうしたことを訊くのはまちがいであって、「うちの子どもは夜尿するんですよ」と言っても、指示を与えずにそのまま言ったらいいのです。「ああ、夜尿されるんですね」と、こう言ったらいいのです。「どうしたらよろしいでしょう？」と言ったら、「どうしたらよろしいでしょう？」とこうやっている。

ところが、すごくおもしろいのは、この発想は英語によっていますね。英語はそれがものすごくうまくできるんですよ。なぜうまくできるかというと、「I～」「I feel～」と、こう言うでしょう。そうすると、その「I」を「You」に変えて言ったら、そのままになるのですよ。「わたしは親父がもういやでいやでたまりません」と言うと、「ああ、あなたは親父がいやでたまらないのですね」と、そのまま言えばいいのです。

ところが、日本語はふつう主語を使わないでしょう。そうすると、「親父はいやなやつなんですよ」と言われたときに、「いやなやつですな」と言ったら、「ああ、先生もそう思われますか」となる。「いやいや、私はそう思っていない。私はただ非指示的に受け入れただけであって、私の意見を申し上げているわけではない」と言わなければいけないのですね。

英語はうまくできている。「I～」と言ったら、「You～」と言ったらいちばんいいでしょう。だから、パッパ、パッパ、パッパいくのです。ところが、日本人はこれがうまくいかないのですよ。下手をすると、「あっ、先生もご賛同のとおりだ」ということになる。家に帰って「先生が怒ってはったよ」などと言われると困るので、どうしようかということになった。

すると、やはりいつでも知恵のある人がいまして、それには「あなたとしては……」と、こう言ったらいいという。つまり「わたしは親父に腹が立ってしかたがないんですよ」と言われたら、「あなたとしてはお父さんに腹が立つんですね」と、「あなたとしては」という言葉を入れるとうまくいくということを発見した人がいました。それで、われわれはなんでもいいから「あなたとしては……」とやっていたのです。そうしたら、怒りだして、「いや、先生はどうお考えになるんですか」って言う人がいましてね、その場合、「あなたとしては、わたしがどう考えるかご心配なんですね」と言うのです(笑)。

その結果どうなったと思いますか、それでも治っていく人がたくさんおられました(笑)。これは驚きでした。ほんとうにそんなばかなことをしていて、みんな笑われるかもしれませんが、たくさんの人がよくなられました。下手な指示を与えるよりは、よほどそのほうが効果があります。これは大切なことです。

ところが、それでよくならない方もおられました。そういう人はどうされるかというと、次にこなくなります(笑)。あるいは日本人ですから、治らないのにずっと続けてこられる人がいます。そうすると、こっちもだんだん憂うつになってくるのですね。「あの人こんど休んだらええのになあ」と思っていると、相変らずこられるのです。それで、「あなたとしては……」と言っているうちに、むちゃくちゃにこっちが眠たくなってしまうのです。そして、眠たくなるので足をガッと詰めて、また眼を開けて「あなたとしては……」とこうやっても、そういう人はぜんぜんよくなりません。

そこで私は思ったのです。これではだめで、相手も生きているし、私も生きている、生きたもの同士が会って、しかも指示を与えないという方法があるにちがいないと思った。私はそれからアメリカへ行くのです。日本でこんなことをやっていたらたまらんから、本場へ行って勉強しようというわけで、それから長い遍歴が始まります。

しかし、それはおいておきまして、ここで言いたいのは、やはり主語とか目的語を明らかにしない言葉で話し合っているということから、そんなことが起こるということです。

だから、われわれはなんの気なしに、ヨーロッパのものとかアメリカのものを輸入していても、知らない間に、どこかで日本化しているのです。これはなぜかというと、やはりどこかでわれわれはずっとひっついているひとつなんだ、ということを前提の上にした言葉をぼくらは話しているのですね。なんか分けるのを嫌っている。

ところが、みなさんご存じのように、自然科学とかテクノロジーははっきりと分けることの方を前提になりたっています。0と1を分けること。この0と1に分けることとの組み合わせを基としてコンピュータはでき上がっています。こういう世界に生きているなかで、どういう言葉で話をするのかということになってきます。

今回出席されるはずだった佐野洋子さんがパンフレットにお書きになっているのを読んで非常に印象的だったのですが、佐野さんはこういうことを書いておられます。世の中全体が思いやりがないようになっているのではないか。だから、もう日本語がどうのこうのという前に、人間がすでに本来の言葉を失ってしまったのではないか、というふうに書いておられるのです。

これは、われわれがコンピュータ的な世界だけを土台にしだすと、要するに、0か1か、この人は役に立つのか立たないのか、役に立たない人は捨ててしまおうとか、そういうふうになって、思いやりがなくなってしまったということを佐野さんは言っておられるので、そういう点で、われわれは思いやりということをどう考えるかということになります。

この「思いやり」というのが英語になるとどうなるかというと、これまた非常におもしろい考え方です。

そのときに、欧米人は全部区別するからバラバラかというと、そんなことはありません。彼らはちゃんといっしょに心を合わせて仕事をしている、隣人愛というものを完全に持っているわけですから、「いっしょというもの」を持っている。彼らが持っている隣人愛というものと、われわれが持っているみんないっしょだというのとはちがうのです。そういう文化状況のなかで、われわれは思いやりを持ち、その思いやりがある言語というのはどうなっていくのかを考えることは、これからの非常に大きい課題だと私は思っています。

これはたんに言葉のなかに、片仮名の言葉を使ったりするかどうかなどということではなく、全体的なパターンはなかなか変わらないと思いますが、今後日本語はどうなっていくかというふうに私は思っていまして、答えはあまり言うことができません。

ファンタジーとリアリティ

そういう関係で考えてみますと、今日は「ファンタジー大賞創設記念」の行事でこれを行なっていますが、「ファンタジー」ということも、すごく大きい問題を投げかけていると思います。「ファンタジー」と英語で言って、日本語で言っていないのです。この「ファンタジー」というものは、日本語ではなかなか言いにくいのではないかと私は思います。たとえば、私はこのごろ平安時代の文学が好きになって、それこそ遅まきながら、いまごろになって、去年生まれて初めて『源氏物語』を読みました。そんな調子で生まれて初めて読んでいるのがすごく多いのですが、日本の古い物語を読んでいます。

そうすると、そのなかには物の怪《け》が出てきたり、みなさんご存じのようになにか生霊がとり憑いたりとかいろいろありますね、そういうのを見ていたら、いやいや、もう平安時代から日本人はちゃんとファンタジーを持っているじゃないか、というようなことを言う人がいますが、それはちがって、あの時代の物語を読むと非常にはっきりわかりますが、英語で「ファンタジー」と「リアリティ」というふうにしていちおうみんなが区別していることが、いっしょになっている、重なってひとつの現実として語られているというのが、あのころの物語ではないかと私は思います。

これは、先ほど私が言いました「真如」という考え方で、離言真如的に言うと、われわれがいまやっているのは全部妄念なんだ。しかし、その妄念も真如なんだというふうにして、パーンとひとつにしてしまいます。

それと同じように、英語の「ファンタジー」と「リアリティ」と分けているものは、ひとつの現実として受け止められている。そういうことを語るのには、日本語はすごく適しています。たしかにそういう意味であのころの物語を読むのが私は大好きなのです。さっき言いました近代をどういうふうに乗り越えていくかというときに、あんがい、当時の古い物語がわれわれにすごくヒントを与えてくれているというふうに思って読んでいるのです。

現代では自然科学でわかるような現実を、これが現実だというふうに思い込みすぎる人が多すぎるので、現実というのはもっともっと層があって、多層的であって、そして自然科学というのはそのなかのひとつの層を見ているのだというのが私の考え方なのです。自然科学だけで現実を見るということは、非常に豊かな世界のうちのひとつだけ見ているのにすぎません。

その点、全部の層を総体として見ると、どうなるか。たとえば、平安時代の物語はそのような「現実」を書いているのではないか、と考えながら読むということは非常におもしろいと思っているのです。西洋の場合は特に近代になると、なんといっても、ちゃんと区別してわたしとあなたはちがう、それからわたしと世界はちがうというふうにして「わたし」をつくり上げてきた。そうした「わたし」というものを、西洋人は西洋人の「自我」と呼んでいるのです。そういうものを構築してきて、こういう自分が世界とどうつながっていこうかというときに、その自分と深い世界のありようの関係を物語としてつくればファンタジーというものがつくれるというふうに西洋の人は考えまして、みなさんがご存じのように、私たちが一生懸命になって読んでいるような名作のファンタジーがつくられているのですね。

それはなにかひとつのがっちりとしたものがつくられている。たとえば、みなさんはご存じだと思いますが、『ゲド戦記』なら『ゲド戦記』というひとつの構築された世界が出てくる。ともかくそういうものがボーンと、きれいにでき上がってくるのですね。西洋人でエゴに凝り固まっている人は、ファンタジーなんかにはもうぜんぜん関心がありません。ル＝グウィンが書いていましたが、アメリカではしばらく前まではファンタジーというのは非常に嫌われていました。たとえば、三十年前であれば、ファンタジーなんか子どもに読ませないほうがいい、あんな逃避的なものは読ませないほうがいいというのがアメリカの教育のあり方でした。

それはなぜかというと、現実にちゃんと直面して、お金をもうけて、結婚して、子どもをつくってとか、そういうことのほうをすごく評価していますから、そんなときに「アースシーに魔法使いがいるそうだ」という話になると、「そんなばかなことあるか、だからそんな危険なものは読ませないほうがいい」というので、ファンタジーは非常に評判が悪かったのです。

ところが、一九八〇年ぐらいから、こういうものは子どもに読ませようというふうにアメリカが変わってきた。近代的な考え方、自然科学とテクノロジーで武装されている自我というものはもっと開かないと、二十一世紀に生きていけない。そのときに、もっと層を変えて開いていく生き方のすごい世界の記述としてファンタジーというものがあるのだ、ということをアメリカ人はわかってきたのです。

だから、ファンタジーを読むことによって、子どもたちもっと豊かな世界に生きられることになってきたのです。それで最近では、そういうものがどんどん出てきたのですが、これを日本でやるとなると、どうなるのか、すごく難しい問題があるのです。なぜかというと、われわれがものを書く時はほとんどみんな日本語で書いている。ところが、ファンタジーを日本語で構築してくるというのはなかなか難しいところがあると私は思います。

そのひとつの証拠といっていいかもしれませんが、日本のファンタジーの作品の主人公の名は片仮名がすごく多いのです。たとえば、これが日本の国で、そして丹波の篠山で、寅さんという人が山へ入って行っても、ファンタジーとなるとなかなか難しいですよ。たしかに妖怪変化は出てきます、絶対に出てはきますが、それをファンタジーというふうに呼べるものなのかどうか。

そのときに、私はファンタジーと言っているが、なにも西洋流のファンタジーがファンタジーであるというふうにこだわらないつもりでいます。だから、日本人が日本人のファンタジーというものを書くときに、ひょっとすると、すごく新しいものが出てくるかもしれないとも思っているのです。

今後のところは私はこれ以上言うことができません。みなさんのなかでできる方は、それを自分の心のなかでやってみてください。それができる方はそれをやってみたらいいです。

ただ、はっきり言えることは、ファンタジーというのは頭で考えてつくるものではありません。頭で考えてつくっても、これはなかなかファンタジーにならない。やはり自分の全存在を賭けたなかから出てくるようなものをつくっていかないといけないでしょう。これを日本の名前で、日本の土地でつくると、どうしても平安時代の物語のように、いわゆるファンタジーといわゆるリアリティが混合したものになってきて、なかなか作品になりにくいのではないかと私は思っています。日本語というのはそういうものなのです。

つまり、いまファンタジーとリアリティと言いましたが、ちがう言葉で言うと、一般に内界と外界と分けているようなそういうものが、なんかひとつの言葉でスーッとあらわされてしまうような、そういう言葉を私たちは持っているのですから、そういう言葉を使ってファンタジー作品を書くということは、なかなかのことだろうと思っています。そういう点でまた私は楽しみにもしていますし、それからちょっと不安な気持ちもあります。

方言と普遍性

最後に、少しだけ、方言のことをお話ししたいと思います。

日本の国はそうとうたくさんの方言をもっています。私はこれはすばらしいことだと考えています。私自身は、みなさんがいま聞いておられてもわかるように、もう標準語を話すことは不可能です。これはよく言うのですが、生まれて初めてテレビに出たときは、四十五分間、完全な標準語でしゃべり抜きましたが、終わったあとで、ディレクターがニコニコっとしてきて、「先生の関西弁よかったですね」と言ってくれたので、私は標準語でしゃべることは不可能だということがそのときわかった。それからもう標準語でしゃべる意思はますますなくなったので、英語まで関西弁でやっています(笑)。

この方言というものは、さっきの身体性ということとも関係して言いますと、自分のたんなる考えというのではなくて、自分の存在を賭けてくると、どうしても方言のほうがやりやすいですね。ただし、私は数学の公式をやるときには、これは関西弁になりません。発音がちがうかもしれませんが、a＋bの2乗はと考えたら、これは関西弁で書こうと東北弁で書こうと、どころか、世界中どこでもいっしょです。だから数学というものはすごいものなのですが、逆に、自分を賭けてくると、これは方言になるのです。

私はたしかに方言で話します。それは私という人間の仕事は、抽象的な理論を大切にして生きているのではなくて、いつの場合でも自分の全存在を賭けたことをやっていますので、どうしても方言でないとだめなのではないかと思います。

で、このことは、非常におもしろいことなのですが、難しいのは書くときの問題です。書くときはどうするか。

そして、じつをいいますと、私は自分が話したことが記録に残るのは大嫌いなのです。きょうのこれは初めから記録に残すことにしていますので、珍しくちゃんとこんなに要点を書いて持ってきていますが、ふつうはこんなことは絶対にやりません。講演のときはなにも考えないで行っています。何時にどこへ行ったらいいという以外は、なにもわからない。会場へ行って、出る前に、きょうの題はなんですかと聞いて、そしてみんなの顔を見て、でまかせにしゃべっているのですが、そのほうがよっぽどみんなに喜ばれるのですね（笑）。そのかわり、きょうは記録が残るというときは、そのつもりで話をしています。

それはどうしてかと言いますと、ベラベラ好きなようにしゃべっている場合、みんなにワーッと喜ばれてしゃべっているのですが、日本人というのはときどきけしからん人がいまして、約束していないのに、勝手に録音をとって記録を書いてくる人がいるのですよ。「先生のお話は非常におもしろかったので、これは発表したいと思います」といって、それを読んだら、ほんまにゲエーッとなりますね。なにゲエーッとなるかといったら、方言、関西弁が多すぎる。また関西弁だけではありません。もっといやなのは「バチャーン」とか「ガツーン」とか「ゴォーン」とか、そういうのがやたらに出てくるのですよ。言わないでもいいとこで「バー」とか「ビー」とか言ってるのです。それはなんか自分の持っているものをみんなに伝えようとするから、いわゆる抽象的概念以上のものを伝えたいと思うから、どうしても標準語でなく「そんなあきまへんでえ、ガーンとやらな」とか言うのが、全部そのまま書いてあるのです。それを見たら、われながらよっぽどアホとちゃうか思ってもういやになるのです。

これはどういうことかというと、やはり生きている人間が生きている人間と接しているということは大変なことなのです。そこで伝わっているものというのは、人間から人間へと伝わるから、みなさんは私の話を聞いていても、それほど「ガツーン」とか「ゴツン」とか、あまり覚えておられないと思うのです。ところが、文字というものはいっぺん距離をおいて客観化しようと思うのですから、そういうときになんかえらい片仮名で、「ゴツン」とか「ガツーン」とか「あきまへんでえ」とか書いてあると、それはおもしろいと言う人がいるのですが、それはその場にいて、話を聞いた人が読めば、それを思い出すからおもしろいと思いますよ。しかし、それとぜんぜん関係のない方が読まれたら、「これなんや？」というふうに絶対に思われると思うし、私はそれはいやです。できるかぎりそういうのはやめてもらうようにしてますし、「それは絶対に困ります」といって、せっかく書いてこられても、発表するのをやめてもらった例はたくさんあります。「もし発表するのでしたら、これを削ってください、これを削ってください」といって、ずっと削っていくと、だんだん残りはなくなってくるということになるぐらいです。

こういう話し言葉と書き言葉の差の問題は、方言のこととも関連して、日本語のひとつの難しさがここにあると思います。

ただし、昔ばなしの記録が方言で書いてあるのは、ぼくらは読めますね。あれはなぜかというと、昔ばなしというものは人間が人間に話しするもんだと私たちはわかっているのです。わかっていますから、方言で書いてある昔ばなしを読んでも、「ああ、おじいちゃんが話をしてくれるんだな」、「おばあちゃんが言ってくれるんだな」と思いながら読んでいるから、ほとんど抵抗がないのです。そしてまた、昔ばなしという内容が方言と非常に密着しているから、方言で書かれた昔ばなしというのは読むことができますが、ふつうの講演記録はもうすでに読みにくい。となると、まして作品を書くときにどうするか、これは非常に難しい。

ところが、みなさんも文学作品を読んでおられてわかると思いますが、ときどき方言を非常にうまく使っているのがあります。全部方言で書いてあるわけではありませんが、会話のどこかとか。しかし、それをよくよくごらんになるとわかりますが、ちょっと方言が変えてあることがあります。そのとおりは書いていないのです。それを知らない人は、「あの先生が書いておられるあの方言はまちがっています」などと言う人がありますが、それはそうではなくて、方言的なものを入れながら読むに堪える言葉というのを書いておられるのです。これはみなさんもお読みになるときに注意して読まれるとおもしろいと思います。書き言葉の場合は、方言的なものをどう表現するかということには注意しなくてはならない。

これをもっともっと大きく言いますと、日本語というのを考えてみたら、世界のなかの方言ですからね。その方言を使って「ファンタジー」という片仮名文字でいわれるようなことを書くという場合に、どこまでそれを駆使するのか、どこまでそれを変えていくのか、ファンタジーを書こうと思うと、おそらく文体でも変わっていくのではないかと思います。そういうふうなことも、これからファンタジー大賞の応募原稿を書く時にはすごく大きな意味を持っているのではないかと、私は思っています。

まあ、日本語ということで、だいたい考えていることを言いました。あと、また大江さん、谷川さんと話し合いできるのは非常にありがたいと思っています。私が言ったことのなかで、また変なことがあったら、そこで言っていただいたらありがたいと思います。どうもありがとうございました。

第二部　シンポジウム

日本語と創造性

司会　谷川俊太郎
大江健三郎
河合隼雄

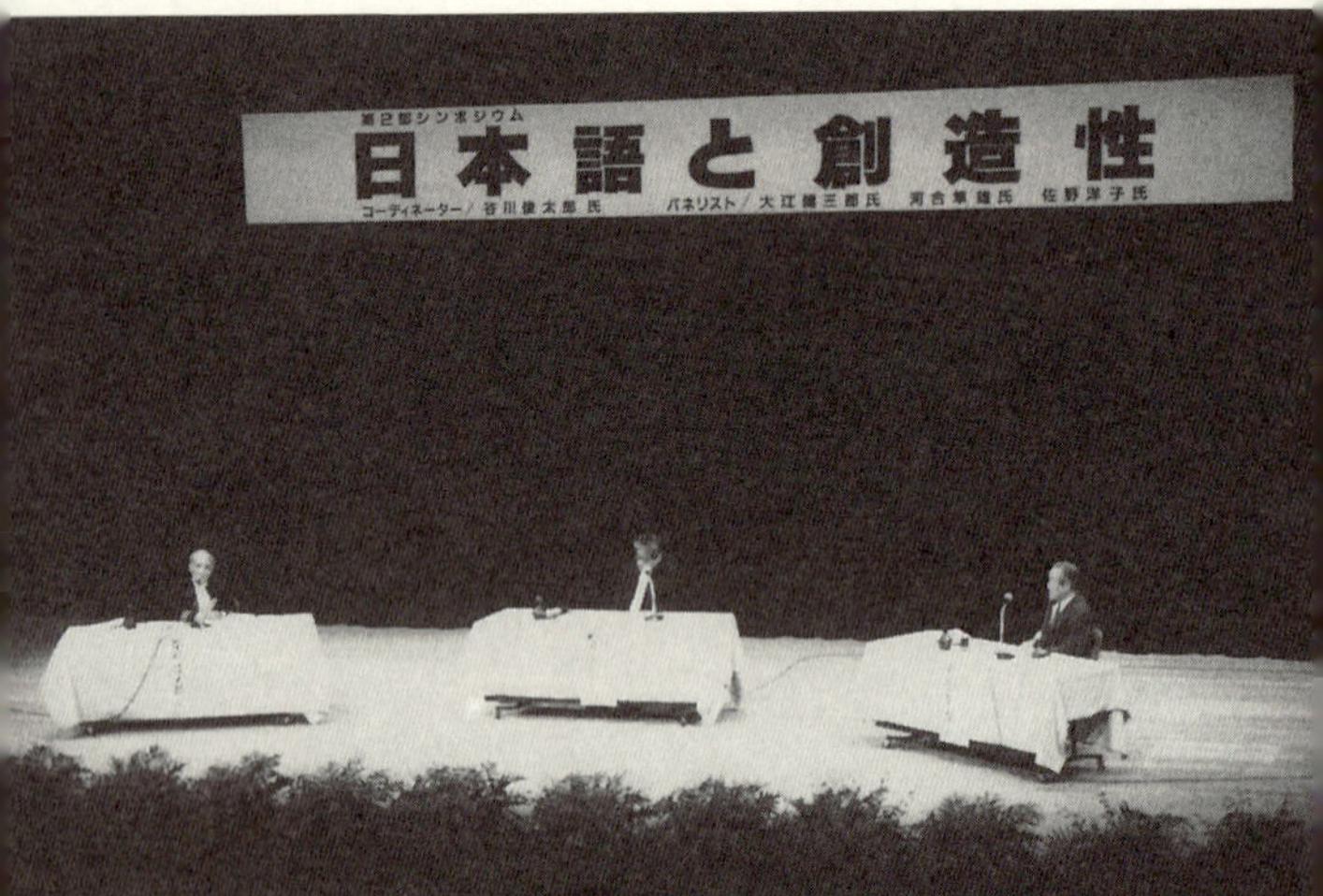
第2部シンポジウム
日本語と創造性
コーディネーター／谷川俊太郎氏
パネリスト／大江健三郎氏　河合隼雄氏　佐野洋子氏

言葉の海の豊かさ

谷川　こういう広い舞台で、三人がこんなに離れて話をするというのは、すごい居心地が悪いんですね。ぼくはシンポジウムというのはどうも苦手です。なぜかというと、この机の配置を見てもわかるのですが、半ばみなさんのほうを見ていて、半ばお互いのほうを向いていますよね。そうすると、どっちと話せばいいのかよくわからなくなるのです。

それで、日本のシンポを見ていると、だいたい、三人なら三人が話しはじめると、ミニ講演会みたいになっちゃって、一人が聴衆に向かってダーッと十五分しゃべる、またつぎの方が十五分しゃべる、それでいっしょにしゃべるのはほんのちょこっとで終わってしまうということがあって、ぼくはそれが欲求不満なんです。わたしたち三人はきょう初対面というわけでもないし、お互いの本もよく読んでいますので、三人が腹を割って話すところを、みなさんがそばで聞いているというふうに持っていきたい、というのが司会者の願いなのですが、そういうかたちでよろしいでしょうか。

大江さんはうなずいてくださらないところを見ると、飛行機のなかでもなにかノートをとっていらっしゃいましたから、もしかすると、大江さん、前もってこういうことだけは言っておきたいというのがおありでしたら、それをまたなんか話のネタにするという手もあるのですが……。

大江　プログラムみたいなものがあって、最初にみんなが二十分間ほど話すっていうんじゃありませんでしたか？

谷川　そうでした(笑)。ぼくは司会者の権限でそれを無視したわけです。でも、ぼくは大江さんの話をまず聞きたいという気持ちがすごくあります。ですから、もし大江さんが口火を切って話してくださると、あと話がしやすいので、ぜひよろしくお願いいたします。

大江　前の講演の間、私は谷川さんのそばに座って聞いておりました。河合先生が、谷川さんの詩「みみをすます」をお読みになって、終わったとき、最初の拍手の音が始まるより一拍早いぐらいに、谷川さんが拍手されました。うらやましいと思ったんです。私もあれをやってやろう、みんなより一拍早く拍手してやろうと思って待っておりました。なにを待っていたかというと、市長さんが私のことをいわれるんじゃないか、そのときに拍手してやろうと思ったんです。小樽でこんどファンタジー文学賞がつくられました。第一回の受賞者がおきまりになった。第一回の受賞者ということは、文学賞にとって重要だと思います。その作家はその後もたいてい活躍されますし、それからその賞の性格もきまっていきます。それで、市長さんが「小樽にはもうひとつ文学賞があります。伊藤整賞の第一回は……」といわれたならば、私は拍手してやろうと思ったのです、それは私ですから……（笑）。

小樽は私にとっては、自分の子どもとの関係で記念すべき場所、そういうところです。といいますのは、私に障害を持った子どもがありまして、そのことを小説に書いてきました。まず、彼が生まれてきたということは小説に書いたのですが、それからあと、その子どもとどのように生きてきたかということは、文章に書きませんでした、二十年ほどでしょうかね。

そうしているうちに、小樽で私ども障害を持っている人間の父兄会、家族の会が行われました。そして、そこで友人になった方もいらっしゃいますが、そこにきて、励ましていただいて、自分の子どもの

話をしたらどうかといわれました。一晩余裕があったものですから、原稿を書き直したのです。

そして「ほんとうの優しさということはなにか」というようなタイトルにして、私の子どものことを話しました。そうしますと、思いがけない人からいろいろな反響をいただいて、それから子どものその後を小説に書くようにもなりました。それは私にとって重要な出来事でした。

昨日ここへまいりましたらば、ホテルの前に絵本・児童文学研究センターの方が待っていてくださいました。しかし、私はその人たちをかいくぐって大急ぎでホテルに飛び込みましてね、みんなは私がトイレットへ行ったと思っていらっしゃるんでしょうが、そうではなくて、私の子どもの番組があったのです。

私は谷川さんとまったく逆で、田舎者ですから、新しい機械をうちに入れるときはよく検討するということで、ビデオというものも一時検討したあと、とりやめることにしました(笑)。いまビデオは持っていないんですよ。一度放送されたテレビというものを二度目に見たのはこんど初めてです。私の子どもと私をあつかった番組が国際エミー賞というのをいただいたのですが、それがあったのです。

そして考えてみると、もうこれで自分の小説のことも、子どものレコードが出たこと、彼が音楽活動を始めたことで、少し考え直そうと思って、そのようにしておりますが、そのことで、あらためて自分の子どもが音楽をつくって生きているということの意味を考えることにもなりました。小樽に始まったことが小樽で終わっているという気持ちを持ったようにも思います。

さて、この私がこういうことを書いた。私は自分の子どものことを書いてきたが、子どもの音楽が迎え入れられることもあり、いま一段落した。だから、小説をやめて少し考えたいと思うと。そうしましたらば、谷川さんの後輩というか、やはり有名な詩人ですが、谷川さんが育ちのいい代表とすると、育ちの、まあ、悪い方の代表のような人に荒川洋治さんという方がいられます。これはもちろん、作風についていうのですが。その方が私を強く批判されまして、「ああ、そうだったのか、あいつが偉そうなことを書いていたのは、自分の子どものことだったのか、家族のことがいちばん大切だったのかということを知って、自分は失望した」という意味のことを書かれました。

私がこのところ小説を書いてきたのは、どうもやはり子どものかわりに表現する、という思いがあって書いてきたというほかないのです。最初は自分のことを書いていた。しかも自分が子どものころのことを書いていた。それから自分の子どもとどのように生きてきたかということを書いた。その子どもといっしょにいること、そのようにしてこの世界をいっしょに受け止めるということが自分の表現だったということをあらためて思ったのです。

そのことについては、いくらか文章も書きまして、これは河合先生のご専門に近い学者ですが、アメリカの人類学者のポール・ラディンとか、ドイツの神話学者カール・ケレーニイの書いた本で、子どもの神、童子神と、いろいろないたずらをするインディアンの神様のトリックスターの分析があります。そのなかで、子どもはほんとに無敵なものだ、子どものなかにあらゆる可能性がある。あらゆる力というものを持っている。同時に、子どもは弱いもので、子どもの存在そのものが一度にゼロになっていく可能性もある、そういう非常に弱いものだ。その二つの側面を持っている子ども、あいまいといえばあいまい、両義的、アンビギュアスといえばアンビギュアスな子どもということを書くのが自分の仕事だったというふうに思ったのです。

私自身の最初の長篇は、『芽むしり　仔撃ち』という小説でした。戦争中の子どもの話を書いた。それは書く必要があると私は考えていたのです。ところが、それは私が生まれてきた歴史ですから、それを書くのはある種必然というものもあるかもしれないと思っていた。ところが、そこに障害を持った子どもが生まれてくると、それははっきり偶然のことなのです。偶然のことですが、それを引き受けて生きていくことで、自分の文学がつくられていくということを感じまして、そういうことをやってきたということをあらためて思いました。

考えてみますと、私は自分にできないことがいろいろあると思いますが、とくに三つあると思います。ひとつは詩を書くことで、谷川さんがここにいらっしゃるということは、私にとってはうれしく、かつ恐ろしいことです。もうひとつは、学者になることができなかった。ここには学者もいらっしゃいますから、さらにうれしく恐ろしい。同時に、ファンタジーというものも私は書くことができなかったと思います。自分はファンタジーを書けなかった、しかし、ファンタジーは好きだった。それが、きのう飛行機のなかで谷川さんと話していると、「きみの作品は、ファンタジーと

通い合うところがあるんじゃないか」といわれました。

たしかに私は自分の郷里の森のなかを舞台にし、その谷間を舞台にして、そこに架空の国をつくったと思います。ファンタジェン国とかナルニア国とかと同じように、自分の架空の国をつくって、架空の世界観とか架空の宇宙観、あるいは神話、伝承、歴史をつくって、人物もつくって書いてきた。この前終わりました『燃えあがる緑の木』(新潮社)という作品でもそうだった。ですから、きょうここでファンタジーの問題ということをお話しすることになれば、そのことを手掛かりにお話ししたいということを考えたのです。

あわせて、私は外国語の勉強もしました。河合先生は関西弁の英語を話すといわれましたが、十日前に、私はウォーレ・ショインカという昔からの友だちの詩人で劇作家のナイジェリア人と東京と福岡でシンポジウムをやりました。ところが、東京では同時通訳のマイクがこわれちゃったものですから、ぼくとショインカとは英語で話したのです。ショインカさんはホテルに帰るときに私に、「大江、きみをもう三十年知っているけど、きみは何人だ」というんですよ。それで「ぼくは日本人だ」というと、「そうかなあ、日本人の英語というものもある、しかし、きみのはどうも日本人の英語でもないと思う」といいました。そうしましたら、横にいた女の人が、「His English may be Sikokien」といった。

〃シコキアン〃というのはなんでしょう、〃四国的な〃とでもいうのでしょうか(笑)。

ともかくも、小説をずっと書くと同時に、外国語を勉強してきました。それはあとでお話しするなかに出てくると思いますが、日本語にも創造性というものが確かにあると私は思う。日本語に創造性がなくて、中国語にあり、英語にあり、フランス語にあるということはない。あらゆる国の言葉に創造性は平等にあると私は思うのです。その点では、レヴィ＝ストロースのような構造主義の人類学者と同じ考え方です。

しかし、歴史の上で、日本語というものがあるとき豊かになり、あるとき貧しくなる、あるとき柔軟で、あるとき硬くなってしまうということはあります。それはどういう点にあらわれるかというと、それが書く人間においてあらわれると同時に、それを読み取る人間においてあらわれると思います。読み取る人間と書く人間とが共有している日本語が豊かである場合と、貧しい場合とが現象として確かにある。しかし、理論的にそれを解明できるだろうかということは、きょうお話に出てくる問題点のひとつではないかと思います。

そのことについて私としてのヒントをいいますと、ソシュールというスイスの言語学者が使った言葉を日本人もよく使いますが、言葉というものは、私たちがこのように話す、フランス語でいうパロールです。手紙や作品を書く言葉も入れてパロール。私たちが自分を表現することと同時に、それが伝わるのはみなさんと私とが言葉を共有しているからで、言葉の海を共有しているからで、その言葉の海、言葉の銀行とでもいうか、言葉の箱というか、そういうものをラングといいます。

ですから、パロールが生き生きしてくるためには、沈黙した大きい海のようなものですが、みなさんと私とが共有しているラングが豊かにならなければいけない。しかもそれを豊かにするということもできるのではないか。たとえば、宮沢賢治を私たちが読むということは、自分たちのラングを大いに豊かにすることではないだろうかと思います。

またそのこともあとでお話しできると思いますが、最近、ふたつ文学的な経験をしましたので、そのことをのべて、私の個人演説会を終わります。ひとつは、いまいいましたウォーレ・ショインカというナイジェリアの詩人・劇作家で、すばらしい人です。十年ぐらい前にアフリカ人で初めてノーベル文学賞をもらった。私よりもひとつ年上です。

彼は“Death and the King's horseman”(「死と王の騎士」)という芝居を書きました。そこに出てくる重要な人物はみんな死んでいきます。そのうち、女の人が立ち上がって、「死んだ人たちのことは忘れよう、いま生きている人たちのことすらも。これから生まれてくる人たちのことだけ心に留めてください」とみんなにいうところがあります。

私たちの文学、あるいは言葉の創造性ということは、もちろん死んだ人から伝わってきて、現在も生きている人間がそれを深めていくのですが、私たち文学をやるものの目的には、どうも死んだ人を記録しよう、現在生きている人間としてよく生きようということもありますが、「死んだ人たちのことはもう忘れよう、いま生きている人たちのことすらも。これから生まれてくる子どもたちに心を傾けてください」といいたい気持ちがあるのではないか。

文学とか言語とかいうものは、そういうふうに未来に向かっているのです。その未来に向かうというのは、子どもを通じて未来に向かってという気持ちが強い、ということを強調したいのです。そういう点で、ファンタジーということの本質的な重要さということも特別にあるのではないかと思います。

もうひとつ、R・S・トーマスという一九一三年生まれの詩人が英国のウェールズにいます。ウェールズはイギリスの南西部で、もともとは独立

国でした。十六世紀にイングランドがそこを占領して、それからイギリスの王子様はそのウェールズの権利を持っている立場ということに名目上はなっています。プリンス・オブ・ウェールズというでしょう。いまヨットに乗って、ズボンをはいていない写真なんかを撮られた人がいるじゃないですか、奥さんがテレビでこちらも個人演説をして困ったことになったりしている、あの人が、現在のプリンス・オブ・ウェールズ(笑)。

そのウェールズに、いまいったR・S・トーマスという詩人がいるのです。彼自身はウェルシュではなくて英語で書いておりますが、彼の詩と谷川さんの詩とは非常に深く似ていると私は感じています。それで同国の詩人として谷川さんをもつことの喜びと、R・S・トーマスという人をこんど新しく自分としては発見した喜びが重なるのです。もう八十歳になっていますその詩人が、インタヴューを受けていて、最後に、「もう核爆弾が落ちて世界は滅びるかもしれないと思う」と彼はいっています。彼はイギリスで核兵器の反対運動もしている人です。

そのときに、「しかし、人間は滅びるかもしれないけれども、わたしは世界の終りにも、この空間を、この世界を見渡しながら——私がいま「空間」と訳しましたのは「スペース」が原語で、「宇宙」でもいいのです——この世界を見渡しながら、世界が美しいということについて、自分の母国語で語り合う人間ということを想像するのが好きです」と、彼はいっています。

私たちは、日本語が創造的に豊かでなくてもあっても、それと無関係に、私たちが最期を迎えるときに、個人的な死でもいい、世界全体の死でもいい、世界を見渡しながら、あるいは家族を見渡しながら、人間の美しさということについて話したり、言葉を胸のなかに思い浮かべたりするものではないでしょうか。そのとき母国語は重要であると思います。

そしてその母国語をどのように豊かなものにしていくか、深いものにしていくか。すなわち創造性のあるもの、しかも世界に向かって開かれていて、日本人が心のなかで願ったことが、たとえば、ウェールズの詩人の願いと通い合うような言葉というものを、私たちはつくっていかなければいけない。

そのために、文学をつくる人間は努力しなければいけないし、文学を受け止めてくださる方にもその仕事がある。それが一人の小説家として考えた日本語の創造性という課題であると私は考えています。いまもう、ものすごく念力みたいにして、谷川さんがもう演説をやめるようにやめるようにと……。

谷川　いえ、そんなこと言ってませんよ。

大江　それでこれでもうやめます(笑)。

谷川　どうもありがとうございました。

言葉と創造

谷川　とてもいいお話でしたけれども、きょうのテーマはいちおう「日本語と創造性」ということになっているので、いまの大江さんのお話に少し「創造性」という言葉が出てきまして、司会者としては、「創造性」ということをもう少し具体的に話題にしていきたいと思っています。

ぼくはじつは「創造」という日本語が非常にわかりにくいのです。「創造」とはいったいなんだろうというところから考えはじめないと、このテーマがなんかどうもぴったりこないところがある。考えてみると、「創造」とはどうも純粋な日本語ではありませんね。それで「創造」といわずに、それを動詞でいえば「つくる」ということになってしまいます。だいたい「創造」の「創」の字を使ってルビを振って「つくる」という使い方が多いのですが、そうすると、それと「作る」「造る」というのをわれわれは、ルビはひとつなのに、漢字で区別している。

だけど、たぶん昔ながらの日本語ではその「つくる」という言葉しかなくて、その「つくる」という言葉は、どうも創造的な「創」ではなくて、もっと、たとえば、職人がなんか細工物をつくるとか、そういうわりと現実的な、具体的な言葉ではなかったかなと思います。

ぼく自身が「創造」ないしは「創」の字を使った「創る」という言葉を聞いたときに思い浮かべるイメージは、キリスト教のものなんです。ぼくはじつはキリスト教系のミッションスクールの付属幼稚園に、幼時ちょっと何年かいたので、そこで「天国と地獄の掛図」という恐ろしいものを見せられて、幼心にすごく傷つきました。いまでも覚えているのは、人間の魂が死んで、どこか地獄と天国の中間地点みたいな、なんか高速道路の料金所みたいなところですが、そこで秤《はかり》を持って立っている、天使だか悪魔だかよくわからないのがいて、その秤に自分の魂がのっけられるのです。片方が赤くて、片方が青くて、赤いほうはいい魂、青いほうが悪い魂で、青いほうが傾いて重いと、ここから地獄へというふうに分かれ道になっているという掛図で、いまでも覚えているのです。そういう掛図のなかに神の天地創造の図みたいなものがあった。

　ぼくは「創造」という言葉を聞くと、漠然とそのキリスト教的な、神が一週間かなんかで天地を創ったというイメージがわいてきてしまうのです。でも、ぼくはそれを信じているわけではありません。それの現代版が自然科学のほうの、たとえば、ビッグバン理論みたいなものが出てきていて、あれもなんかよくわからないけれども、最初は無だったのか、すごい濃縮されたブラックホールみたいなものだったのかよくわかりませんが、最初あるひとつの動機、エネルギーの動き方から全世界ができたという、そういうふうに、極端にいえば、無からなにかが生まれてくるのが創造だとどうしても考えがちなところがあります。ところが、現実には、そういう創造はほとんど人間わざではないという気がします。

　ここで「日本語と創造性」というふうに言われているのは、たぶん主として文学、日本語という言語を使った分野での創造性ということを指しているのだろうと思うのですが、先ほどぼくが河合さんのお話をうかがっていたら、河合さんは「大江さんや谷川さんみたいに創造する人間ではないけれども、相談にこられる方々と話をしているのが自分にとっては創造である」とおっしゃいました。ぼくはそのとおりというよりも、文学以前の問題、大江さんもいっしょくたにしちゃ悪いんだけど、ぼくが書いている詩よりも、むしろ河合さんが自分の全存在を賭けてクライアントの方と話していらっしゃる過程のほうが、はるかに「創造」という言葉にふさわしいというふうに感じているのです。そこで河合さんに、つまりなぜ文学作品というものが創造的に見えるのかということをちょっとうかがいたいのですが……。

河合　先ほど詩を読みました。私はそのときに、「この詩は私の理想です」という言い方をしましたが、自分のやっていることはなかなか思っているとおりにいかないし、そもそもなにを思ってやっているかもわからないというようなところがあります。そのときに、こういう詩を見ると、「ハハア……」とかえってわかる。「ああ、こういうことをやっているんだな」とわかるのです。こういうことを言語で表現することが創造だと思います。

ぼくらにこういうことを言語で表現せよといわれても、やっぱりできないですね。ところが、書かれてしまうと、読んで、「ああ、これだ、わたしのやりたかったことは!」と、あとで言うことになる。だから、これが出てくるというのは創造だとすごく思います。

それは、大江さんの小説を読んでいても同じことです。そのなかから、私は人間が生きているということについて、ほんとにじかにというか、ひとつひとつのことに触れてはいるんですが、自分でやっていながらなんかわからずにやっているようなことに対して、理想とかモデルとか参考とかそういうのになるようなことが作品からどんどん出てくるわけですから、それは絶対に「創造」という感じがします。

谷川　でも、詩も小説も原材料である日本語というのは、自分がつくったわけではなくて、自分が生まれたときから周囲から吹き込まれて、真似して話せたり、書いたりするようになってきているのですね。そういうもの、昔からある言語、それからだれでも話せるし書ける言語を使って、それが「創造」と呼ばれうるのはどうしてなんでしょうか。

河合　それは組み合わせということでもすごいのじゃないでしょうか。簡単にいえば、この花びんだって、材料は、たとえば、土だといえば、昔からあった土からつくっているのだから、こんなの創造ではないといわれるかもしれませんが、それをこういうふうに形にして、しかもこういう用途のあるものにつくってみせるというのは、やっぱりすごいことですよ。

だから、そういうふうにいえば、素材はもうしかたないですよね、もうあることはあるんですから。だから、やっぱり真似ではないと思いますね、はじめのうちは真似かもしれませんけれども。いろいろな材料をどう重ねるかとか、どう組み合わせるかというだけですごい創造だと思います。

谷川　そうすると、河合さんがお書きになる文章でも創造であると思いますけれども……。

河合　あんまりそう思いませんけれどもね。私のやっているのはあんまり創造的ではないと……。どうでしょうね、私が書いているときは、あんまりつくりだしているという感じは少ないですね、なんかあることをべたべた書いているようなことですから。

谷川　そうすると、相談にこられた方と向かい合っているときは、河合さんは自分の意識下にあるものをそうとう働かせて聞いていらっしゃるわけでしょう。そして、もしそこで自分がなんかうなずくなり、なんかしゃべらなくちゃいけないときは、そこのうんと深層意識のなかから出てくるものでそういうふうに反応なさると思うんですが、それでいいんでしょうか。

河合　はい、そうです。だから、いまの谷川さんの言い方をすると、たとえば、「いやあ、男は結局男なんですよ」といったら、これは当り前のことです。しかし、その人にその場でいうということは、すごい創造的だとぼくは思っている。だから、その人にその場でそういったということは、ぼくはすごい創造活動をしているのかもしれないけれども、感激して「大発見、男は男である！」なんて書いても、あんまり読んでもらえないのじゃないでしょうか。

谷川　文章をお書きになるときは、そこまでつまり意識下から言葉は生まれてこないで、もうちょっと意識のレベルで書いているということですか。

河合　そうですね、そうしてみんなに読んでもらうとか、みんなに通じるとかいうことを考えていますから、ちょっとちがいます。だから、相談して生きた人を前にしてやっているほどの輝きは、私の文章にはないと思います。それはできないです。やっぱり私はそういう生まれではないので。

谷川　いや、それはよくわかります。

河合　文筆家ではないんですよ。

谷川　ぼく自身も、たぶん創造と、創造ではないといえるのかどうかよくわかりませんが、その境目というのは、ものを書く人間にとっては、わりと意識下にあるものから即出てくる。それで、もちろんそれは意識を通って当然出てくるのですが、どこまで自分の意識下に書くものが届いているかというところに、もしかすると、その境目があるのではないかと思っているのです。

大江さんは、たぶんこういう質問を予期していらっしゃると思うのですが、以前大江さんとお話ししたときに、大江さんは小説を書いた最初の三年間で、自分の無意識あるいは深層意識のようなものは使い果たしてしまった、いま自分はそういうものでは書いていないというふうにおっしゃいましたね。ぼくはあの発言がほんとうに気にかかっているのですが、いま大江さんはほんとうにそういうふうに自覚して書いていらっしゃるのですか。

大江　そうです、私は自分の無意識というものがあるとして、それが魅力あるとは思わないのです。みなさまにちょっとお見せしようというものじゃないですね。

谷川　そりゃだれでもそうだと思います、ぼくもお見せしたくないですけれども(笑)。

大江　私が小説を書きはじめたころ、ある出版社の招待で石原慎太郎と三島由紀夫との三人で食事をしたことがあります。そうしますと、彼ら二人とも自分の無意識が黄金のような無意識だと考えていましてね、まあ、えばっているわけです(笑)。私は小説家とはこういうものかな、こちらはふつうの人間として生きていきたいと思いました。

谷川　でも、ふつうの人間だって、そういう深層意識って、みんなある。

大江　それで、私はどうしたかというと、できるだけ意識的に自分の文学をつくっていこうと考えたのです。小説はやはり、まず、言葉を書く。夢中になってある分量書いてしまうと、そこに無意識に出てきたようなものが混じり込んでしまう。それをできるだけ自分として意識的につくり上げていくというふうにしたいと思って、それで書き直すということを始めました。どんどん読みにくくなった(笑)。

谷川　笑い事じゃないですよ、これは。日本文学の重大問題なんだから。

大江　笑い事じゃないですよ(笑)。

いまからもう十五年ほど前に、家内がその母のところに税金のためのお金を借りに行きました。税金を払うときにたいてい借りに行っていたのです、あとから返しましたけれどもね(笑)。そのとき、私もたまたま大阪に講演会があったので、いっしょに行っていると、家内がその母と話しているんですよ、「あの人も最初に書いたとおりに発表すれば、もっと売れるかもしれないのに……」。お母さんが「あのような人には努力が生き甲斐だから」といってくれた(笑)。

話が個人的なことになりましたが、私としては、人間に無意識から生まれる独創的なもの、創造的なものはないと考えています。

もとより、特別な場合があります。谷川さんに「芝生」という詩があります。あるとき家の前の芝生の上に立っていて、どうしてそうなったのかわからないけれども、子どもでしょう、そういう人間としてそこに自分が立っているということを急に発見するという詩がある。そこにはほんとうに人間、世界、宇宙、そういうものの秘密がすべて表現されているような、ほんとうに天才的な詩ですが、こういう詩は確かに独創的です。

しかし、それも考えてみれば、芝生というものだって人間共通のものだし、ここに書かれている言葉はすべてみんなに使われたものです。そこで基本的に、私は文学表現はすべて個人の独創ではないと考えているのです。共通の言葉のなかからあるものをつくりだしてくる。それが読み手と書き手との出会いとでもいいますか、いま河合さんがおっしゃったような人間と人間との話し合いのなかで、ある言葉が、しっかりきまる瞬間があるのです。そういう出会いが、つまり独創性である。

そういう出会いをいろいろな人がつくり上げてきた、ドストエフスキーがつくり上げてきた、トルストイがつくり上げた、ゲーテが、芭蕉がというふうに私は思っています。

ですから、文学の創造性ということを、神が最初にものをつくった創造性となぞらえて考えることは、私はまちがいじゃないだろうかと思う。言葉という共通のものを用いながら、しかも個人の輝き、この人だけのものという輝きがあるものをつくりだすのが文学で、それは無意識とかいうことよりは、共通の言葉をどのように磨いていくかということに問題がある。共通の言葉にどのように耳をすますかということに、カギがあると私は思っています。

私も天才的な独創性をふくんだ言葉だと思ったものは、ノートしておくことにしておりますが、そのひとつに大鵬が話したフランス語があります。大鵬って、あの相撲取りの大鵬。大鵬親方が現役のときにフランスへ行って、帰ってきた。それは彼の最初のフランス訪問でした。エスカルゴというものを食べたということをテレビでしゃべった。「わたしはエスカルゴを八十人前食べました」とかいってうけるつもりだろうと思っていたんです。それを予期して聞いていましたら、そうではなくて、「大鵬さん、エスカルゴはいかがですか」とアナウンサーが訊きましたらば、大鵬の答えはこうでした。「思わずトレビアンと叫びました」。こういうのを独創性というのです(笑)。

この「トレビアン」という言葉は、彼の言葉じゃないですよ、みんなの言葉、しかも、よその国のみんなの言葉、それでいて、大鵬がエスカルゴを食べて「思わずトレビアンと叫んだ」というのは、忘れられないじゃないですか。こういうのを文学の独創性というのです。そう思いませんか。無意識の話はしませんでしたが。

文学の創造とは

谷川　いいんですよ、なんかちょっと禅問答みたいになってきたようで、やや理解しにくいんですが……(笑)。

いま大江さんがおっしゃった「文学の言葉にはほんとの神が創造するという意味での創造はない」ということは、ぼくもまったく賛成です。自分が詩を書くときの、詩が生まれる瞬間みたいなものを考えると、よけいぼくはそう思うのです。

先ほど大江さんは、ぼくの「芝生」という詩を要約してくだすって、それに続けて、つまり共通な言語を個性の輝きにまで磨き上げていくとおっしゃいましたね。あれはやはり散文家の言い方だろうと思います。大江さん自身は、自分の文章を非常に推敲して、しかも、長いものを半分にしたり三分の一にしたりすることで有名ですから、そういう過程では、たぶん大江さんはほんとに意識を集中して使っていらっしゃるのだろうと思うのです。

ところが、その詩と散文のちがいというのも、日本語の創造性にちょっとかかわると思うのでお話ししますと、ぼくの「芝生」という詩はたしか四行か五行の短い詩ですが、一度も推敲していないのです。それはポカッと出てきて、それで自分ではいい詩かどうかもわからない。それでぼくは編集者に相談して、「この詩は詩集に入れていいかしらどうかしら」といったのを覚えているのです。その編集者が「おもしろいから入れたら」というんで、ぼくは詩集に入れた記憶があるのですけれども。つまりそういうときの詩の出方ですね。

だから、それはいってみれば、それを創造とぼくはいえないと思うのだけど、そういう詩が生まれる瞬間のことを考えると……。当時は、ぼくはエンピツで書いていましたが、いまはワープロになってしまっています。

その現場みたいなものをちょっと興味をお持ちになるかもしれないので話してみると、みなさんは、ふつう詩人というのはいつもぼんやりと生きていて、突然霊感がひらめくと手近のナプキンかなんかに急いで走り書きをするとか、そう思っていらっしゃるんじゃないでしょうか。よくフランス映画にあるパターンですよね、コクトーなんかがやるような。カフェで紙ナプキンに走り書きをして、それが詩集になるとすばらしい詩だったというのに、ぼくはたいへん憧れていて、ときどき真似したりするのですが、でも、それはまったくちょっとカッコをつけているだけであって、実際にはそういうことはほとんどありません。稀になんかフッと浮かんでメモすることはあるけれども、それは非常にせこい心情ですね。忘れちゃって、もしいい詩だったら損しちゃうみたいなことでやっているわけだから(笑)。

実際にどうするかというと、ぼくはワープロの前にまず座ります。それでスイッチを入れます。字詰めとかをきめて、それから詩を書こうって意識して精神を集中するのです。でも、そのときはなにについて書くのか、なにを書くのか、いっさいわかっていないのです。ただ、なんか詩を書こうというふうに集中する。集中するといっても、神がかりになるほどぼくは集中できなくて、電話が鳴れば電話に出ちゃうとか、いろいろありますが、とにかくなんか詩を書こうと思うのです。

そのとき、詩とはなにかというふうな立派な観念とかイメージがあるわけではないのです。とにかくなんか詩を書こうとする。だから、これはほとんど大江さんのおっしゃる人生の習慣みたいなものになっているのじゃないかと思うのですが、ほとんど習慣的に詩を書こうと思う。

あとは待っているんですね。たばこかなんか吸ってぼんやり待っています。そのうちに、なんかひとつながりの言葉が浮かんできますね、それは一行という長いものであることはほとんどなくて、なんかほんと半行とか、でも、単語ではないのです、なんか意味を持った主語なんかない場合もありますね、これは日本語だから。でも、ふつうそれがしゃべっている言葉とはぜんぜん変わらない場合もあるのですね。それから、いわゆる詩的な表現みたいなこともちょっとあるんだけれども。

それが浮かんできたときに、なんか一種の勘みたいなもので「アッ、これはこれでいいんだ」と思うと、それをいちおうワープロで打ちます。それを打っているあいだに、またなんかつぎの言葉が出てくる場合もあるし、少なくとも、ほんの少しの単位で言葉が浮かんでくる。

それはどこから、どうして言葉が浮かんでくるのかということはよくわかりませんが、これは自分で勝手に理屈づけるというか、イメージをつくるしかないので、いまは自分という存在が、さっき大江さんがおっしゃったラング、言葉の海、ぼくの場合でいうと、日本語の海のようなものに、存在の根を下ろしている。

というのは、ぼくは日本で生まれ育っていて、日本語だけが母語ですから、自分が植物みたいに根を下ろしている、その茎か管かよくわからないけど、そこから日本語の総体のなかのある言葉が、その管を通って上がってくるのです。それが、花開くとまではいわないんだけれども、そういうところに脚を浸して根を下ろしている自分が、その言葉を吸い上げてそういう言葉が出てくる、こう思うのです。

ところが、ギリシアの昔から、西洋の詩人たちがいっていたインスピレーションというイメージは、天上にミューズたちが浮かんでいて、そのミューズかなんかが息をフーッと吹きかけると、その息を吸って詩人は霊感を受けて詩を書くんだ、こう言っていました。

ぼくも若いころは、なんとなくそういう言葉は天から降ってくるのかと思っていましたが、いまは天から降ってくるとはぜんぜん思わなくて、これは天が宇宙開発なんかでだいぶ汚れてきたということもあると思いますが、むしろ天国よりも地獄から言葉はくる。その言葉がどうして浮かんでくるかということのメカニズムはぼくはぜんぜんわからないし、それから、最初に言ったように、自分でもまったく思いがけない言葉がポコッと出てくるのですね。

でも、それは一種の理想的な詩の書き方であって、締め切りに迫られると全部理詰めで書くこともあります。たとえば、桜の花の写真を示されて、二月末までに桜の花の詩を書けといわれたら、やはり桜の花にまつわる自分の経験とか連想を精一杯働かせて、なんか言葉を書いていくのですが、そういうふうにわりと理詰めに思えるような場合でも、どこかに自分でも思いがけない、ぜんぜん自分ではこういうものを書こうとは思わなかったというふうなものが入ってこないと、詩はすごく平べったくなっちゃうのですね。

そういうふうにして始まって、ある何行かができたら、そのあとはやはりいつまでも待っているわけにはいかなくて、その行からの連想みたいなもので一篇の詩を書くケースがすごく多いのです。

だから、そういう詩の生まれ方を見ていると、少なくともぼくの場合、自分が主体となって創造したものだというふうにはどうしても思えなくて、やはりどこかから、なにかから与えられたものだというふうに思わざるをえないのです。

だから、そのときたぶん自分が日本語の総体というふうにイメージしているものを、深層意識というふうに言い換えても、そんなにちがいはないのではないかという気がします。詩人たちがみんなそういう詩の書き方をしているとは思わない。もっとぜんぜんちがう詩の書き方をしている人たちもいると思うのですが、少なくとも自分の場合には、そういう生まれ方に詩という書き物のひとつの特徴があると思っているところがあります。

それで、大江さんに、大江さんの小説の生まれる現場のことを、ちょっとお話ししていただけるとうれしいのですが。

大江　私の小説で、外国でも比較的よく読まれている小説は『万延元年のフットボール』です。そして、そのなかのひとつの重要な章は、谷川さんの詩を読んでいて生まれたのです。

谷川さんの詩に「本当の事を言おうか　詩人のふりをしてるが　私は詩人ではない」という一節があります。「鳥羽」という連作詩の中にあるものです。ほんとうに美しい詩ですが、その何番目かの小節に、「本当の事を言おうか」という行があった。その詩を読んですぐ、私はワードプロセッサの前に座ってスイッチを入れました。まあ、私の場合は万年筆で書きますからね、いまの描写は、ちょっとかたちをつけてみただけなんです(笑)。私は万年筆で、かつ紙を画板の上において書きます。なぜそうするかというと、私のうちの子どもはある時期、十年間ほど、目をつけていなければなにをするかわからない危機があったものですから、ずっと彼といっしょに暮らしていたのです。それもいつも画板を首から下げていまして、子どもの行くところへどんどん追い掛けていきながら、「そのとき彼は……」なんて書いていたのです(笑)。

さてあの時、私は緊張して、その「本当の事を言おうか」という言葉が自分に呼び起こしたものをどんどん追い掛けていって、小説の構造の半分ができ上がりました。半分というのは、ひとつは、兄の蜜三郎という人物が、ちょうど私みたいな中途半端なインテリなのですが、その弟に鷹四というのがいる。非常に行動的なやつで、学生運動をしたりしていた。その彼が、いま自殺しようとしている。しかし、自殺するためのエクスキューズ、自分としての理由づけがない。むしろ自殺することを恥じているわけです、自殺する人間であることを。それは河合さんが先ほど言われたことと通い合うと思いますが、しかし、なんとかそこを乗り越えて自殺しようとしている。そこをどう書くか、苦しんでいる時、「本当の事を言おうか」という谷川さんの詩を読んだのです。そこから私は彼に本当の事をいおうかというリズムで、まさに本当の事をいわせることにしたのです。

もっとも、本当の事をいっているつもりでも、いろいろなフィクションがなかに入ってくるのです、鷹四はまだ若い人で、たしか十九か二十くらいの青年でしたから。しかし、彼の告白にはすべて「本当の事を言おうか」というテーマの音が響いていて、そこから書かれていく。そういう仕方で、この小説の後半を私は書きました。

まず、それはどのような文章のかたちにするか、どのような文章のリズムにするか、どのような切り口から書くかということを定めるために谷川さんの詩が有効だった、ということです。その小説の前半を書きはじめながら、私がそれまで生きてきた、戦争中の経験、戦争後のかなり荒々しい経験ということが自分のなかに渦巻いているのを書きたいとは考えていた。しかしそれをどのように表現するかということがよくわからない。それが「本当の事を言おうか」というひとつの詩によって、出口を与えられたと私は思ったのでした。

そしてまさにそのように書きました。

どのように小説を書くかということは、結局、私としては、自分のなかに人生の経験として固まっているものを、どのような切り口で、どのようなスタイルで表現していくかということです。その最初の水が流れ出てくる流れ口のようなものをつくることが、もっとも必要なのです。

それを詩人はインスピレーションというのかもしれないと思いますが、小説家の場合は、もっと長続きする、ある力なのです。たとえば、文章を三時間くらい書き続ける動機にならなければいけない。三時間もインスピレーションを感じ続けている人は、たとえば、麻原彰晃とか、ふつうの人じゃないですよ。その点が散文と詩のちがいということではないかと思います。とにかくそういうふうにして小説を書いてきました。

言葉の殻を打ち砕く

谷川　河合さんが、そういうふうに相談にこられる方と長期にわたって話をされるときには、やはりその人の人生の物語をきっとごらんになるだろうし、そういうものを、たとえば再編成するというのか、そういうことをお考えになると思いますが、そういう場合に、そうしたお仕事をしていらっしゃることと、河合さんが「わたしは詩は苦手です」というふうにおっしゃることと関係があるのでしょうか？

河合　かもしれませんね。それでも、私のような仕事をしている人で詩のすごく好きな人もいますからね、心理療法は詩に関係ないとはいえないでしょう、詩人の人もいますから。

私自身が詩がわからないというか、関係ないというのは、いま大江さんが言われたことをやはりちょっと関係があるかもしれませんが、インスピレーションでずっとわかるとか、そういうことはぼくはすごく少ないですね。長いあいだかかって、それから長い話にして、そしてやっとわかるというふうなタイプです。

それから、どういったらいいのかな、あまりにも現実に密着しすぎているというか、あまりにも常識的であるというか、さっき大江さんは自分のできないことが三つあると言われたけれども、私はできることを言ったほうが早いと思います。私のできることというのはきわめて常識的なということだと思います。私の常識がすごい豊かで、そうして、私の前にくる人はだいたい非常識の豊かな方が多いのですよ。その非常識の豊かさと私の常識の豊かさとがほんとに勝負になって、だんだんつくり上げていくのです。だから、常識の固まりというのは詩から遠いのじゃないでしょうかね、非常識が詩を書いてもぜんぜん詩にならないのでしょうけれど。

そのことは私はほんとうに不思議なのです。詩はほんとうに苦手です。詩はわからないけれども、「谷川さんの詩だけ好きだ」というと、谷川さんがすぐいわれたのは「じゃ、ぼくのは詩じゃないということですね」って(笑)。「いや、そうかもしれません」と私はいったのですが、これも笑い事じゃないんですよ。

谷川　いや、それは笑っていいんですよ。いや、ほんとうにそう思っていますから。ちょっともういっぺん、河合さんにうかがいたいのは、ここに佐野洋子さんがパンフレットに、さっき河合さんが引用してくださったのですが、ありますね……

子供に言ってきかせます、「思いやりを持つ人になってね」。思いやりがなんであるか知る前に、ことばを知って子供はおうむがえしに「思いやり」といいます。痛みも知らずに知ることが出来ます。私達はデータを入れられたコンピュータの様になってしまった。

ぼくもほんとうに同感するところがありますが、その河合さんのところに相談にいらっしゃる方が、こういうふうに言葉によってある被膜というか殻みたいなものに閉じ込められてしまって、本来の、ほんとうに自分の正直な言葉が出てこないというふうな状態でこられる方もあるのでしょうか。

河合 もちろんそういう人ばかりじゃないですが、それはひとつのタイプですね。そういう人は言葉のほうが優先しますから、パッと言葉で、自分がいかに正しくて、世界がいかにまちがっているかということをダーッと述べ立てる人がおられますね。

谷川 それはいってみれば、一種の決まり文句の羅列といえばいいか、パターンですね。

河合 そうですね、だいたい決まり文句とかパターンですわ。

谷川 そういう方が治癒していく、よくなっていく過程は、さっき大江さんがおっしゃっていたような、つまりラングという言葉の海からパロール、言葉の個性化といえばいいのかしら、そういうふうな段階を経てよくなられるという筋道が多いのでしょうか。

河合 そうですね、さっきの大江さん的言い方をすると、ラングというのは広い海だといわれますが、そんな広い海を持っているのに非常に限定されたところとだけつながって、自分のパロール、だから自分のパロールじゃなくてむしろ与えられたパロールでしょうね、そういうのをどういうのか知りませんが、それをいっておられる。

そのときに「あんた、すごい海がありますよ」ということをわかってもらうまでは、長いあいだ聞いてないとしかたないんですね。うまくいけば、さっきいったように、その人がいかに自分が正しいかということを話しておられるときに、「いや、恐竜はもう死んだんでしょうかね」というようなことをいうと、パカーッと世界が拡がる、世界が拡がるときもあります。しかし、そういうのは非常にめずらしい。それもそのときの勝負ですから、うまくいけばそういうことがありますね。

谷川　ぼくはお話をうかがっていて、前からそう思っていたのですが、創造というと、みんなだいたい反射的に、なにもないところに非常に美しいものがつくり上げられた、あるいは醜いものが非常に美しいものになった、つまり破壊と反対というふうにみなさんはたぶん思っていらっしゃると思いますが、創造というのは必然的に破壊をふくんでいないと創造にならないというふうに自分の経験から思うのです。

いまのお話なんかの場合でも、そういう広い言葉の海の世界に、非常にきまりきった自分の狭い言葉を持っているのを、いったん破壊しないと、その広い海に帰っていけないわけですね。

河合 そうです。

谷川 そういうことが、べつに河合さんのところに相談に見えるほど病気に近い人でなくても、われわれふつうに生きている人間にも、日本だからこの場合は日本語なのですが、日本語が一種の被膜、あるいは殻みたいになってわれわれの魂にくっついてきてしまっていて、それが逆に、われわれのほんとうに生き生きしたからだに結びついた言葉を発するのを妨げている。

だから、いま現代日本でぼくが「創造」ということをイメージすると、どうしてもその前に、まず破壊しなければいけないという意識がすごく強いのですが、これはたぶんわれわれが生まれたときから親に教えられ、あるいは学校で教え込まれ、それから大きくなってはマスメディアをはじめとするいろいろなメディアから、いろいろな情報が詰め込まれてくる。

佐野さんが言うように、つまり思いやりという事実を知る前に、思いやりという言葉が与えられてしまって、その言葉だけが独り歩きしていて、実際のそういう心の状態あるいは行動が、われわれにはわからなくなっているということが、おおざっぱにいうと、言えるような気がするのです。

そういう意味で、そういう言葉の被膜というものを打ち壊すにはどうすればいいのかというのも、変な言い方なのですが、心理療法なんかにもそういう過程があるとすれば、たとえば、文学なんかにもそういう働きがあるような気がぼくはするのです。

大江　私はかなり前に『小説の方法』という本を書きました。それからそれをもっとわかりやすくというか、私がわかりやすくと思っていても、だれもわかりやすいとはいわないような、という説もありますが、ともかく岩波新書に一冊書かせてもらいました。『新しい文学のために』。この本に書いたなかでいまおっしゃったことを説明しているように思います。

私がそこで説明したのは、いまからちょうど百年ほど前になりますが、二十世紀の最初に、ロシアの文学者たちがロシア・フォルマリズムと呼ばれる一群の文学理論を考えました。そのひとつに「異化」という理論があります。ロシア語では「オストラニェーニエ」といいます。「オストラ」とは「ちがったもの」ということでしょうか、「不思議なもの」か、そうしたものにする。いま私たちが知っているものを、もう一度生き生きした新しいものとして再発見する、そういうことをさせるのが文学だという考え方です。

ですから、たとえば、恋愛、私が恋愛のことをいってもリアリティがないかもしれませんが、恋愛をすると、なにかその人といるだけで世界が新しく見えた、ということを思い出してください、われわれの過ぎ去った青春にそういうことがありましたでしょう(笑)、ああいう心の働きを呼び起こす文学の仕掛けを「異化」というのです。

いつのまにか自分の見るものがいわば自動化していて、ぼんやりとしかものを見なくなっている。はっきりつかまえようとして見ていない。ところが、赤ちゃんが新しい世界を発見するように、恋する人たちが身のまわりのすべてに美しく感じなおしたりするのと同じように、この世界を生き生きと見えさせる。文学においてそのようなイメージをつくりだすように、絵だったらそういう画面をつくりだすように、それが芸術の力だと彼らは定義しました。

それから五十年ほどたって、フランスで活躍したガストン・バシュラールという哲学者がいますが、彼はイマジネーション、想像力とはなにかというと、人から与えられていたもの、自分が受け取ってきまりきまったもの、谷川さんの言葉によると、殻に覆われているようなものの、その殻を打ち砕いて、自分がもらったイメージを打ち砕いて、新しいイメージをつくりだすこと、それが想像力の働きだということを定義しました。

文学とはそういうもの、つまり自分が知っていると思っていることの再発見ではないでしょうか。言葉ということでいえば、言葉はもともとみな私たちが知っているものです。そうでなければ話は通じない。それでいて言葉がすっかり新しいものに感じられる時があるのです。

たとえば、具体的な例をいうと、「小樽」という言葉があります。きのう関係者のレセプションがありました。そのなかで、教育委員長さんがこういうことをいわれました。初め、一拍おかれましてね、話し出す前に一拍おいて、いわばアフタービートで話された。最初の一拍が重要なのです。最初の一拍から「(トン)小樽の……」といわれましてね、「(トン)小樽の夜はながあーい」。私はその長いというところが、どうしてながあーい、となるのかもわかりません、そういう歌があるんでしょうか、私は知りません(笑)。しかし、そのようにして、この挨拶の言葉はじつにきまったのでした。「(トン)小樽の夜はながーい」、端的に、五・七となっています。はじめの休みを入れて五、あとの「夜はながーい」で七になるわけです、日本の叙事詩の伝統に忠実に。「ああ、おもしろいな」と思いまして、ぼくは自分の部屋に帰って寝たのです。他の人はちょっとスナックにいったんだけれど、小樽の夜はながーいんだと思って暗い窓の外をながめて、小樽を理解するようでした。

そういうふうに言葉というものには、いろいろな要素がある。音とか、拍数とか、シラブル数とか、漢字の数とか、そういうものは私たちが知っているものの殻をつくるものです。同時にそれを利用して谷川さんの言葉でいえば、殻をこわすというのが文学における「異化」、創造だと思います。

そしてこれは昔からあることなんです。芭蕉の俳句を見ると、もう明らかに日々の言葉の殻が破られているのが感じられます。俵万智さんの初期のものを読むと、私たちは「サラダ」などという言葉はいつもは気にしないのですが、それが目の前にくっきりとして、「サラダ記念日」としてあらわれるのを感じるでしょう。また「カンチューハイ」などというありふれた言葉が、鮮やかなものとして浮かんでくるようにつくられているでしょう。ああいう言葉の操作が殻をこわすということです。言葉そのものはこわすことはできない。言葉をある新しい仕組みに入れることで、私たちは言葉の殻をこわすことができる。新しく仕事ができる。それが創造ということだ。それがイマジネーションにおいてそうだし、それから「異化」という、表現の方法においてもそうなのです。

私たちが新しく創造しているということは、そういうふうに言葉を洗い流していること、言葉の殻を打ち砕いていることではないでしょうかね。そうしてみると、殻というものはいつでもどんどんできてきますから、そして言葉はどんどん汚れてきますから、いつまでもわれわれ小説家や詩人の将来は明るいということになります(笑)。

谷川　創造というのは、新しいものをつくること、いままでになかったことをつくることというふうについ思いがちですが、いま大江さんのお話をうかがっていても、そういうふうなものではない。つまり人間の長い歴史、あるいはもっと宇宙全体の歴史からみれば、ほんとうにくり返されているようなことでも、一人の個人にとってはつまり非常に新しい創造になりうるという気がぼくはするのです。

先ほども河合さんが、『源氏物語』を生まれて初めて読んでたいへん感銘したとおっしゃっていましたが、あれは『源氏物語』という女性によって描かれた優れた物語が、いつまでも古びないのであるというふうに考えるよりも、それを読む人、受け取る人のその感じ方によって、何度でも甦るというふうに考えたほうがいいという気がするのです。

だから、どんな小説も詩も、それを読んでくれる人がいなければ、たぶん音楽の楽譜みたいなものですよね。楽譜はそのままだったらぜんぜん音になっていないから。だから、読まれたときにその読んだ人が感じるものによってそこに音楽が鳴り響くように、やはりその作品が創造される。先ほど大江さんが読者と作者の関係をおっしゃったことも同じことだと思うのですが、そういう働きが創造ということなのだろうと思います。

河合さん、それで、『源氏物語』ですが、河合さんは昔ばなしとか古典をずっと勉強なさって、すごくおもしろい本をお書きになっていますが、ああいう古く書かれたものも、現代につながっているからおもしろいと思われるのでしょう、そこのところを少しお話しいただけると……。

古典と現代

河合　本が好きという方のなかには、昔にこんなことがあったとか、みんなは知らんけれども、こんなことがあるんだよとか、そういうことをすごく好きな人がおられると思いますが、私はものすごく現実的というか、私の本職はいま生きている人をどうするか、どうなるかってそればかりですから、それにつながらないようなことはあまりする気がないのです。
だから、昔ばなしの研究をしているとよくいわれますが、別に研究しているわけではないのです。研究している人というのは、たとえば、シンデレラの話というのは、似た話が世界中にどれだけあるか、いったいどこから出てきたかとか、そういうことを研究するのですが、私はそうではなくて、シンデレラの本を読んだそのことが私の生きることにどう関係するか、私の目の前に座っている方にどう関係するかという読み方をしているのです。それはけっこうおもしろいのですね。

これもまたひとつ大事な問題だと思うのですが、さっき言われたように、つまり時代を超えて時代の異なった読み手にインパクトを与えるようなものと、その時代だけであとはあんまり読まれないものとあるでしょう。そういう点、昔ばなしなんていうのは、さすがにみんなに語り継がれているだけあって、やっぱりすごいんですね。時代を超えて、いま生きていることにそのまま私にとってはつながってくるという感じです。

そういうことで、日本のものを好きになっているうちに、王朝文学なんか読みだしたのですが、それも私にとっては時代を超えてすごくおもしろい。それと、ちょうどいまの時代と合っている感じがするのです。

それは、私の問題意識は、結局は近代のヨーロッパに起こってきた近代的自我がものすごく強力で、ある意味でいうとそれが地球の全世界に影響を及ぼすほどの力をもったのですが、この近代的自我をどう超えるかということが、いま生きていくことの大きな課題だと私は思っているのです。だから、ノイローゼとかなんとかいろいろ言ってこられるけれども、そういう人たちの悩みの底流には、それがあると私は思っているのです。

その点、王朝文学なんていうものは、そんな近代的自我もぜんぜん関係なく、さっき言いましたが、西洋の自我であればリアリティとファンタジーと分けるようなものが、そのままひとつの現実としてダーッと書かれている。それを読むことは、私にとっては現代に生きることとすごく関係してくるのですね。そんなような読み方をしています。だから、いわゆる文学研究家とかそういう人とは、読み方がぜんぜんちがうのではないかと思うのです。

谷川　そうすると、『源氏物語』に登場してくる人物たちと同じような人物が、もう現代にはいないというふうにお感じになっているのですか。

河合　「同じような」という定義がむずかしいですね。どの角度で見るか。つまりこの角度で見れば同じような人はいない。だけど、べつの角度で見れば完全に同じだといえるのです。だから、それをどの角度で見るかによって、非常におもしろいと思うのです。そういうふうにいうと、『源氏物語』の登場人物は現代でもすごく活躍しているといえますね。生きている。

谷川　どうなんでしょうか、河合さんの立場から見ると、昔の人間はいまのわれわれみたいじゃなかったというふうに、われわれはいい意味でも悪い意味でも昔といまと区別しがちですが、よく考えてみると、人間の基本的ないろいろな欲望、いちおう食欲・性欲をはじめとして、そういう仏教のほうで、たとえば、「業《ごう》」という言葉でくくってしまうものは、ほんとに古代から現代にいたるまで変化しないようにも思えるのですが、そういう点はどうなんでしょうか。

河合　それはなかなか簡単に変化しないと思いますね。それで、業とまでいわなくても、日本人の生き方のパターンなんていうのは、神代以来変わっていないというぐらいの感じもありますね。だからそういうふうな面とちがっている面とを分けて考えることがすごくおもしろいと思います。

ただ、昔がよかったからといって、昔に帰るなんてことは絶対にできません。だから、この世に生きているということは、いまの世に適合しなければいけませんから、万年筆で書くにしても、いちおうワープロを目の前においてスイッチを入れるとか、そういう両方やらないといかんという、これが大事なのではないでしょうか(笑)。

谷川　大江さんは、みなさんよくご存じのように語学に堪能で、英語の本やフランス語の本を、古典、現代ものを問わず、すごく読んでいらっしゃいますね。そういうときに、日本語で読み書きするのと、フランス語、英語で読み書きするのとのあいだに、それこそ違和感みたいなものがないのか、それとも大江さんの場合には、それが非常に自然に自分のなかでひとつになって、つまり日本語を書くのと、たとえばフランス語を書くのとは、ほとんどちがいがないというふうになっているのか、ぼくはそのへんに興味があるのですが。

大江　ぼくはフランス語で書かないです。

谷川　でも、英語は書くでしょう。

大江　それもそんなには書きませんけれど。

谷川　でも、しゃべるのでもいいのです。

大江　外国語を読むことは、毎日読みます。それは私に非常に重要なことなんです。私は、最初にも申しましたが、田舎の人間なのですが、村の中学校の三年生くらいから英語の本を読んでいました。それは松山市のお城のふもとにあった占領軍の図書館から本を借りてきて読んだのです。

そのころから私が興味を抱いていたのは、日本語を自分が書いたり読んだりして生きていく、日本語を生きていくのだけれども、その日本語が、ほかの言葉では同じことをどのように表現するのかということでした。それがほんとうにおもしろかった。ですから、いつも外国語のテキストを横において日本語を読む。外国語の本を読むときも、私は丹念に辞書を引く人間ですが、辞書を引いて、書き込んで、これが日本語ならどうなるだろうかということを、つねに考えながら読むというのが私の読み方なのです。

それは、外国語を勉強する人にとってはあまりいい方法ではなくて、私の同級生の秀才は、みんなフランス語だけでものを読んで、考えていくという人たちですよ。そして、結局はなにも考えていないという人もあるんです(笑)。

私は自分と外国語と日本語との三角形のなかにずっと生きてきたと思います。それが現在の自分の文学をつくっているとも思うのです。

そこで、私も『源氏物語』について一言お話ししてよろしいでしょうか……(笑)。

谷川　何分でもけっこうですよ。

大江　私は『源氏物語』についてこれまでほとんど聞かれたことがないと思います。すくなくとも外国においてより他は。それというのも、だれも大江は『源氏物語』を読まないと思っているから。谷川さんも私に「大江さんはフランス語や英語をお書きになりますが……」といわれる。それは「日本の古典は読まないだろうからね」といわれるのと同じでしょう(笑)。そうじゃなくて、私も古典を読みます。もっとも、私が『源氏物語』を読んでいると、家内が「まだ義経は出てこないでしょう」とからかったりもしています。

その『源氏物語』に幻という巻がありますね。私は去年、賞をもらってすぐスウェーデンからやって来た新聞記者と英語で話していたときのことですが、「あなたはこの前『ニルスのふしぎな冒険』という雁に乗って飛んで行く小さな子どもの本が好きだといったけれども、日本にはそんなものはないでしょう」といわれたんですね。そんな時、私は妙なナショナリズムを感じるタイプで、私は反射的に「あります」といった。「なにがあるか」ということになって、私は「『源氏物語』にある」といったんですよ。そうしたらば、翌日それをテレビ用にとるインタヴューで話してくれといわれた。

私はそこで岩波の古典文学大系の『源氏物語』を出してきて、一晩、出てくるか出てくるかと思って、死物狂いで読んだのです(笑)。そうすると、幻の巻にあった。

源氏はそのときもう五十二、三歳になっていて、紫上は死んでいます。私はとうとうそこまで読んでいたんです。紫上が死んで一年間の悲しみの生活を描いた巻が幻という巻です。そこで光源氏が空を見ていますと、雁が飛んで行く。「ああ、ここだな」と思ってホッとして、ゆっくり読んでみると、そのとおりだった。源氏は雲間を見上げて、私はその歌をはっきり覚えていないのでまちがっているかもしれませんが、

大空をかよふまぼろし夢にだに見えこぬ魂のゆくへ尋ねよ

という歌を詠んだ。

わたしはもうあの人の夢も見なくなった。空を雁が飛んで行く、その雁に自分の亡くなった紫上の魂がどのようになっているか、その行方をたずねてくださいと呼び掛ける歌です。

そして、幻と呼びかけるのはなぜかというと、これは幻童子ということです。中国に『長恨歌』という名作がありますでしょう、紫式部が愛読していた『長恨歌』。楊貴妃と玄宗皇帝の物語があって、楊貴妃が死んでしまったあと、玄宗皇帝が幻童子を呼び出します。その幻童子というのは小さな人間です。この小さな人間は現世と向こうの世界とを行き来して、そして魂のことを調べてきてくれる役をになっている。しかも彼は雁に乗ってあの世に行くんですよ。小さなこんなものが雁に乗って出掛けていく。わが国でもこういう作

品があるから、スウェーデンのラーゲルレーヴの『ニルスのふしぎな冒険』は『源氏物語』の影響の下に書かれたのじゃないか……、そういったら、ほんとうにテレビの放映に出たそうです（笑）。私はあとでこのことをスウェーデン大使館の講演でも話しましたが。

いまなぜ私がこんなことを申したかといいますと、『源氏物語』というものもなお私たちの世界に生きている。そして源氏自体が、すでに中国語の引用から成り立っている。中国の文化の世界、これは外国語の世界ですよ、それと日本語を重ねたテキストをつくって短歌の世界にしたりしていく。そのような多言語間の生き生きとした心の運動があって、それが文学の源泉になっている。私などのように古典をよく読めない人間にも、古典と現代文学そして自分という三角形の場所ができて、そのなかで心が生き生きと動くということがある。古典は生きているというのは、そういうことだと思うのです。

ファンタジーの場合も、よく日本のファンタジーの作家の方が外国を舞台にしておられる、あるいは外国に行くことを物語の動機にしていられる、外国から帰ってきた人を主人公にしていられるということもありました。イギリスならイギリスのファンタジーの世界の特質がここにあって、そして自分のファンタジーの世界がここにあって、そしてここに自分があってと、つねに外国を意識して書いていくのは、とくにファンタジーの場合、正しい方向づけだと思いますね。その方向に進んで行かれることが、日本の文学に新しいものをもたらしうると思います。

源氏の幻の巻はそういうファンタジーの世界です。亡くなってしまった人の魂のことを考えて空を見上げている光源氏がいて、そして彼の心のなかにある世界は『長恨歌』の引用による歌なんですから、まさに国際的です。そしてファンタジー的世界です。そういうことを私はつねづね外国語の本を読みながら考えています。

母語と普遍的な言葉

谷川 そうすると、たとえば、ミラン・クンデラがフランス語で書くようになりましたね、逆にリービ英雄さんなんて日本語で書いている人もいて、世界文学の方向は、基本的に母語を離れたほうがいいというふうに、大江さんはもしかしたら思っていらっしゃるわけではないのでしょうか、どうなんでしょうか。

大江 私はまったくそう考えていません。

谷川 やはり自分は日本語で書くと。

大江　はい、日本語。私は普遍的な言葉ということも考えています。そのことはこの一年間よく話してきたのですが、まず私には母国語で、マザー・タングというか、母に習った言葉で書くということがある。しかも、私は自分が日本語で書いたものを、それをほんとうによく日本語を理解してくれる研究者が翻訳すれば、世界のどこにでもその国の言葉の文学として理解されていくということを目指しています。そしてそれを普遍的な言葉というものだと私は考えているのです。

小澤征爾さんとこのお正月(一九九五年)のテレビジョンに出ましたら、小澤さんが私に「ぼくは普遍的なものということを考えている」といわれた。音楽が普遍的で、それもたとえばクンデラがよく小説に使うバルトークが作曲したから普遍的というのではなくて、自分がやる音楽は日本的だと思うところもあるんだけれども、しかし、とにかく世界中の音楽家を集めていろいろな音楽をつくって、世界中、日本人もふくめて、みんなが理解できるような普遍的なものをやりたい。そのようにして普遍的な言葉をつくりたい。結局、なにをやりたいかというと、その言葉で自分のなかの祈りというものを表現したいと思うと私に言われました。

私も同じように考えています。その自分に日本人としての祈りということがあるとすれば、それを日本語で書く。それが外国語で訳される。そしてその国の文学としても通用してゆく、そのような言葉を書きたいのです。

もっとも、どうしても翻訳できない言葉というもので書く日本文学というものがこれまであったわけなのです。私は幾つか、フランス語と英語とで、翻訳文学賞の審査員をしているのですが、たとえば谷崎潤一郎の『卍』なんていう作品の英訳は、じつにどんどん省略してあります。そうしなければ普遍的にならないのです。

それから川端さんの『雪国』でも、有名なサイデンステッカーさんの翻訳では、いちばん最初の、「国境の長いトンネルを抜けると雪国であった。夜の底が白くなった」などというところは、英語には訳されていないのです。小説が始まると、すぐ女の人が「駅長さあん、駅長さあん」と叫ぶようになっています。

日本の近代文学は、こういうふうにどこを押しても英語にはならないものを書いてきた。しかし、たとえば、西鶴は正確に訳されています。上田秋成も、源氏も、正確に、フランス語だって英語だっていちいちの文章が訳されているのです。ところが、近代文学というのはどういうわけか、省略するほかないような日本語を書いた。むしろ海外文学を知ったからだとさえ私は思います。海外文学とは別の、そんなもんじゃないものにしようと思ったのじゃないか。外国人にはわからないようなことを書いてやろうと川端さんは思ったのじゃないか、と私は疑っています。

谷川　ちょっと意地悪な見方じゃないの。

つまり日本に限らないのだけれども、たとえば、南のほうの小さな島でもいいのですが、そういうところの固有の伝統的な文化が、世界的な普遍化によってどんどん失われつつあるのですね。

もちろんアメリカの先住民の人たちの文化なんかもそうで、そういうものに対して一種の復興運動というのも起こっていると思うのだけど、大江さんのおっしゃり方を聞いていると、なんかそういう、たとえば、日本語に固有な言い回しみたいなものは普遍的ではないから、それは将来避けていかねばならないというふうに聞こえるのですが……。

大江　いや、かならずしもそうじゃないのです。単純な言い回しというふうなことのレベルでいえば、たとえば、腹芸、腹ナントカというのがありましたね、それは翻訳できない、というようなことをいっているのではない。たとえば、日本人にとって腹はすごく大切で、長嶋は原が引退したので新しい原をとった……つまらない話ですが(笑)、こういう言い回しは訳せない、というようなレベルで言っているわけではないのです。

たとえば、これはウォーレ・ショインカのいっていることですが、文化衝突というものはない。イギリスの優れた文化がやってきて、非文化であるところの、あるいは異文化であるところのアフリカ文化とぶつかって、両方とも傷つくなんてことはない。その国には本来の文化がある、そこへやってくるイギリス人がイギリスの文化をもってくるということはほとんどない。そこでほんとうの文化、深い文化とそれを理解しない暴力との闘いにすぎないと彼はいうのです。

私も言葉はできるだけ普遍的な意味をもちうる言葉を使ったほうがいいと思う。そして、それによって日本人固有のもの、日本人の深いものって、それはありますよ、それを表現したい。そうすれば、表現された日本独自のものが、世界全体の知恵になる、というのが私の考えです。

谷川　ぼくは詩を書いていて、詩というのは、散文よりもはるかに翻訳しにくいところがあるものだから、ちょっと大江さんほど楽観的になれないところがあるのですが、河合さんは日本語でも心理相談をなさるし、英語あるいはドイツ語でもなさるんでしょうか。

河合　ドイツ語は昔ですね、いまはできません。

谷川　論文なんかも英語と日本語でお書きになるのですか。

河合　そうですね。

谷川　そういうお立場からして、文学とはまたちょっとちがうかもしれませんが、そういう各々の言語がもっている一種の固有なものと、それから、それを異言語を話している人間が理解していかなければいけない場合に、具体的にどんなふうな問題があったかみたいなことを、もし覚えていらしたら……。

河合　私は英語で書くときは初めから英語で書きます。日本語で書いたらなんとなくすごく翻訳しにくい。英語で書いているときは英語文化圏の人の聴衆を心のなかに描いて、そのまま書いてしまうし、そうでないと、なかなかうまくいかないのですね。

しかし、私の書く英語というのは、アメリカ人が見るとやはりおかしいのです。私の英語はもちろんネイティブ・スピーカーに見てもらうのですが、そうするとその人たちが言うのには、「おまえの英語はやっぱりちょっとちがう。だけど、それを直して英語らしい英語にしてしまったら、おまえの魅力はなくなる。だから、おもしろいところをおいておきながら、読めるように直すのは非常に難しいのだ」といわれたのです。

それが私も意識できていたらすごいと思いますが、ちょっとわかりませんね。どこがそうなのかということは、自分では正直なところわかりません。自分は平気で英語を書いているつもりですが、やはり発想とかがちがうらしいです。だから、私はそれが完全にまだ自分のものになってないと思うのですが、そういうことがひとつあります。
それから、私は自分の『昔話と日本人の心』(岩波書店)というのを自分で英訳しました。そのとき、自分で英訳しようとすると、いかに日本的に書いているかということがわかります。なかなか翻訳しにくいのです、そういうところはとばしましたけれども、それは川端康成の訳といっしょですから(笑)。
だから、意識していなくても、やはり日本語で書いているときはなんとなく日本的になっているんでしょうね。また、自分の書くものは、それでもほかの日本人にくらべたら、英語になりやすい日本語を書いていると私は思っているのですが、ほかの人のは、もっと訳しにくいのじゃないかと思いますがね。それでも自分で訳そうとすると、そういうことを感じましたね。

谷川　先ほどの、相談にみえた方に英語の場合だと、「アイ」を「ユー」に置き換えてくり返せばいいのだが、日本では「あなたとしては……」と言わなければいけないという、そういう問題というのは、日本語と英語では非常にたくさんありますか。

河合　それはだいぶちがいますね。外国人と相談していると、一人の個人がいるという感じがすごく強いです。そして、日本人は相談して依存的になったら、もうとことんベターッと依存的になってきますね。そういうことは外国人の場合は起こらないのです。それはだいぶちがいますね。

それから、これもおもしろいのですが、夢を聞いて、夢そのものが非常に大事ですから、いわゆる解釈めいたことはあまりしなくても、聞いているだけで、「まあ、そんなとこじゃないでしょうか」とか「まあまあ」とか言ったりして、つぎの夢を見たりしますね。ところが、英語で話をする方がこられると、なんか解釈をしていますね。そして、しやすい夢を見てきておられますよ(笑)。

谷川　欧米の人はですか。

河合　ええ、そうです。それは不思議ですね。

しかし、これもおもしろいですね、私はすごくおもしろい経験をしているのですよ。私はもともと数学の出身だったのです。当時、ユングの心理学なんてのは、日本ではぜんぜん知られていなかったのです。それで、あちらへ行ったものだから、ユングの心理学というのは、日本語化されずに、全部英語で私の心のなかに入っているのです。

そして、ずっと向こうにいたものですから、アメリカにいてスイスにいて、そしてある程度たったら、向こうで患者さんに会いますね、そうすると、英語でしゃべっている場合はいいのですが、私はそのとき気がついたことは、日本人の方がこられてなんかいわれますね、そのときに、ちょっと解釈めいたことをいおうと思うと、自然に「ユー・ノウ……」と英語がワーッと出てくるのです、つまり解釈めいたことのパターンは英語でしか入っていないですから。それで、私はすごく自分でよくわかりました。解釈めいたことをいおうとしているのか、ほんとうにその人に密着した言葉をいおうとしているのかということがだんだんわかってきて、だから、よけいだんだん解釈めいたことをいわなくなったのですが、それもすごくおもしろいですね。

そして、私は英語で入ったものをだんだん日本化してきたでしょう、そうしながら生きている人に合うように表現しているから、私はやっていていわゆる専門語はほとんど使わないと思います。だいたい、書くものにも解説書の場合以外はあまり専門語は出てこないです。それはその人の言葉で言おうという気持ちが非常に強いですから。そういうふうな経験がありますね。

ただ、これは大江さんにおうかがいしたいのですが、さっきの日本的な、川端康成が言ったようなことを、ぼくはなんとかしてあちらの人に英語で伝えたいと思っているのですよ、それができなかったらだめだと思っているのです。

これも私の体験ですが、私は分析を英語で受けていたでしょう。そうすると、自分が「ああ、もったいないなあ」と思った場合に、それを英語でいわねばならないのです。しかし、「もったいない」というのを英語でいうのはすごく難しいのです。「There is no 〜」とまでいって、「なにがないのかな？」と思ったりしている。「もったいない」というのをなんとか英語で説明しきることを自分の感じでやっていた、そういうことね。

それと同じことで、日本人の考え方、感じ方をできるかぎり英語にして向こうの人に伝えようと思って、それはいまぼくの役割だと思っているのです。だから、ほんとうはつらいのですけれどもね、日本語でしゃべっていたらものすごく楽なのですが、あちらの人になんとか英語でいうと、また向こうの人からもすごく鋭い質問がどんどん返ってきますから、それで鍛えられるからいいと思ってやっているのですが、そういうことの意味ということもぼくはすごく感じるのです。

大江さんはそういう点はどうですか、そのときに、大江さんはいま、自分としてはそう普遍的でそのまま英語になるようなことを書いているということを言われましたが、それ以外に、なんか日本のものを、あるいは日本的なるものというのを、英語にして向こょうにわからせるというか、わかってもらうとか、そういうことはあまり思われないのでしょうか。

大江　それを思うことはありますけれども、非常に難しいですから。たいてい外国人と話す場合、私は文例をいくつか準備しておきます。それを何種類も翻訳したものをポケットのなかに持っているのです。そしてそのカードを見ながら話すというふうにしています。

それと逆に、もうひとつは、どんどん誤訳してみせたりすることもあります。とくに日本語を勉強して、大学院に進んで日本文学をやっている人を相手に。日本語もだいたいわかる、英語はもちろん彼らの母国語でよくわかるという人たちに、どんどん誤訳してみせる。そうすると、逆に、日本語の複雑さ、日本語の特殊さということを理解してもらえる場合がありますね、それは半分冗談としてですけれども(笑)。

私はアメリカの大学に行ってセミナーをときどきやります。そういうセミナーの終りを記念して、安いカリフォルニア・ワインを飲んで、感想を話す会がたいていありますね。そういう時、日本語のよくわかる学生たちにですが、私は俳句を翻訳してみせてやるのです。たとえば、「やれ打つな蠅が手をすり足をする」というような俳句を翻訳してみせるのです。全面的にまちがった翻訳をやる。「ヤレウ」という場所がハワイの小さな島にあって、そこでは特別おいしいツナ、マグロがとれる。ヤレウツナ、それにありつけると蠅が喜んで手足をこすっているとか、そういうことを英語でいう(笑)。

結局、言語表現は、先ほど肉体の話が出ましたが、文学的なものほど、ほんとうに肉体と結びついていると思います。そこで、ほんとうには翻訳はできないということを認識してあきらめる、明らかに認識する、断念するということも必要です。それも文学の理解ということのひとつのかたちではないかと思うのです。とくに詩人の方はそうなのではないか。自分の詩が訳されて、ほんとうにうまくいくのかということを、ほんとにお考えになると思います。

先ほど、全身全霊を挙げた納得、理解ということと、頭だけの理解ということを河合先生がお話しになりました。文学の世界では、しかしあの言葉は、むしろわかりにくいものなのではないでしょうかね。相撲だったら、今日は相撲の話をよくしますが、全身全霊を挙げて相撲をとる人はいくらでもいますよ、武双山だって土佐ノ海だって全身全霊を挙げている。ところが、舞の海は頭を使う。それでもそうとう肉体を使っている(笑)。

文学の場合は、頭で書いた文学、頭で書く文章ということはすぐいえます、そしてこれはだめだということがいえる。ところが、全身全霊を挙げて書いた文学について、それを定義するのは難しい。それは文学の具体性とか肉体性とかいうふうなことなのですが、ある一行の文章にその人間の体臭みたいなもの、心の響きのようなものがすべて感じとられる、そのような文章が文学ですね。それをつくりだすことは難しい。しかも、翻訳するとなると、まず脱落していくのはその点なのですね。それが非常に難しい。

谷川さんは『メランコリーの川下り』(思潮社)という自分の日本語の詩集と、それから、かなり自由に訳されているけれども、いい翻訳の英訳とをいっしょにした本を出されましたでしょう。それを私愛読していますけれども、ああいう場合はなにが失われ、なにが残るかとお考えでしょうか。

谷川　自分ではそれを判断するほどの英語力がないですね。

大江　いやいや、ほんとのところを。

谷川　非常に単純な、ほんとうにだれが読んでも非常にリリカルな英詩というものもあって、その程度だったらぼくはわかるのですがね。あの訳者とは実際に顔を合わせながら、一行一行、これはいいとか悪いとか……。

大江　訳者は、なんておっしゃいましたかね……。

谷川　ウィリアム・I・エリオットという人です。川村和夫さんという方が手伝ってくだっていて、だから、明らかな誤訳、明らかな意味の取り違えというのは防げているのです。

だけど、エリオット氏が、たとえば、非常に具体的な例を挙げると、ぼくは昔『旅』(求龍堂)という詩集を出したのです。「旅」という一文字の題名は詩集の題名としては日本語では悪くないのですね。つまり旅ということに日本人は、それこそ芭蕉をはじめとして、いろいろな思い入れがあるから。だけど、アメリカ人であるエリオットさんは、たとえば「トラベル」にしろ「ジャーニー」にしろ、「旅」一語では絶対に詩の題名にはならないと言うのです。だけど、それだけの英語と日本語の同じ一語に対する語感のちがいを、ぼくは当然つかめない。結局、彼が選んだのは、"With Silence My Companion"(沈黙を友として)というちょっと気取った題になってしまうのですね。

だから、その一事を以てしても、言葉が少ない詩の場合には、論文のように、「もっていない」の一言を何行にも分けて説明します。あるいは小説のようにもうちょっとそれに「注」みたいなものを入れてやるということが非常にしにくいものだから、とくに翻訳が難しくなるということはあると思いますね。

だから、芭蕉の句にしても、ほんとうに何十種類という翻訳があって、それがみんなそれぞれちがうでしょう。たとえば、「枯枝に烏とまりけり」なんかの烏が単数なのか複数なのか、「蛙とびこむ……」だって、蛙が一匹なのか二匹なのかみたいな、ごくごく単純なところからはじまってね。

詩というのは、もともとそういうふうにあいまいなものであるというところに詩の長所があるわけだから、ぼくはそれはそれでもちろんかまわないと思うのです。

ただ、たとえば、日本の現代詩なんかでも、ずいぶんフランスやアメリカの詩の影響を受けて、見た目は、ちょっと世界文学的になっているんだけれども、日本語の基本的な構造はいまでもやはりそうとう強固に残っていて、それは日本語の見た目の変化ほどには変わっていないというふうにどうしても思うのです。

ほんとうに日本語の変化は激しくて、ぼくですら、ぼくは非常に教養がないからあまり例にならないんだけれども、たとえば、樋口一葉ですらも現代語訳でないと読めない。河合さんですら『源氏物語』は原文と注釈書を傍らにおいて二言語というのかな、そういうのでお読みになったというのですね。

おそらくそういう日本語の変化というもののなかに、もしかすると、日本語の創造するエネルギーが隠れているかもしれないというふうにもぼくは思うのですが、同時に、その変化の激しさのおかげで、たとえば、詩を書く人間なんかがずいぶん困難を強いられているということも、やはりあるのではないかと思います。

言葉と意識の深層

谷川 さっきちょっと河合さんと、村上春樹さんの『ねじまき鳥クロニクル』(新潮社)の話をしていました。あれはお読みになった方が多いと思うのですが、主人公が井戸のなかに入ってしまったり、あるいは壁を抜けてしまったりとかいう、ふつう生きている、ふつうに生活している人間からは荒唐無稽にしか思えないような体験が綴られているのですね。ぼく自身はわりと詩人としては常識的なほうで、わりあい日常生活に縛られて生きている人間なものだから、『ねじまき鳥クロニクル』は全体の筋立てとしては、頭では人間の生きていく生き方の筋道はすごくわかったのですが、実際に壁を抜ける経験みたいなものは非常に非現実的、なんか拵えもののように見えたのです。

ところが、河合さんは、ふだんやはりそういう世界にいる人たちと接しておられるからだと思うのですが、話をうかがうと、そういうものをとてもリアルに感じていらしたような気がしたのです。そういう一人一人の人間が生きている現実の次元は微妙にちがってい るような気がします。一見ふつうに、みんなあたりまえに常識的に生きているようなので すが、魂の世界、あるいはからだの世界まで踏み込んでみると、みんなそれぞれにちがう ところを行ったり来たりしている。

たとえば、そこに出てくる「壁を抜ける」ということがすごくリアルに感じられる人と、なんだこんなの、たんなる拵えものじゃないかというふうに、極端に分けると、そういうふうに分かれるような気がするのですが、河合さんはそういう人たち――そういう人たちと一括しちゃいけないのですが、人間の現実認識のちがいというふうに、そういう人たちをとらえるというとらえ方も可能なのでしょうか。

河合　現実認識……。

谷川　そう一元的にいえるような現実認識というものはないというふうに……。

河合　うん、そうですね、それはそう思います。たとえば、「壁を抜ける」という場合に、その人がリアルに壁を抜けたのか、考えて壁を抜けたのかということは、もう主観的判断よりしかたないのではないでしょうか。それはなんともいえない。私としては、あれはリアルに抜けているというふうに感じたのですね。それなら、壁抜けの話があったら、みんな感激するかというと、そうではないのですね。やっぱり「こんなもん!……」と思うのは読まないというふうになりますね。

それはなにでやっているかというと、やはり私の主観的判断じゃないでしょうか。私はわりと勝手に自分の主観的判断で生きてますので、そうとしか言えないですね。

谷川 それはつまり小説のように活字である文章の文脈をずっとたどっていって読んでも、あるいは目の前に現実の相手がいて、その人が音声で話をしていても、同じように主観的判断というのは働くのですか。この人はほんとに壁を抜けた経験をしたはずだ、いや、これは拵えものだという判断がつくのですか。

河合 ええ、それはぼくらの場合はすごく大事で、非常に単純にいうと「死にます」という人がたくさんおられるのです。そのときに、「死にます」という言葉の背後にものすごいたくさんのものがあるのですね、だからその「死にます」という人に対して、「そうですか、じゃ、さよなら」というふうにいったほうがいい場合もあるのです。実際にそうやっているときもあります。それから「死にます」といわれて止めているときもあるし、ものすごくいろいろある。つまり「死にます」といわれたら、「こうせよ」というマニュアルはないのですね。そのときは、私のそのときの主観的判断にすごく頼っているのです。

だから、その判断を鍛えて鍛えてやってきたというふうにいっていいと思うのです。

ただ、そのときに、もちろんある人の命にかかわるとか、そういう場合になるほど、安全性の高いほうへどうしてもいきますが、安全性の高いのは必ずしもいいことではないのです。要するに、すでに言ったように、ある種の破壊性をともなわなかったら、これはもうクリエートということはないんだから。

だから、いうならば、非常に簡単にすると、私の許容しうる破壊性は許容したほうがいいのですね。全部破壊しないように、破壊しないようにというふうに私がなっていったら、その人は絶対に変われるはずがないのです。そうすると、「死にます」というのはすごい破壊性ですが、その破壊性に対して私がいちいちビクビクしていたんでは話にならない。そうすると、頼られるのは私の判断です。

しかし、そういうことをもうずいぶんやってきたんで、私は思うのですが、いまの世の中というのは、客観的判断がみんな好きすぎるのです。そして、みんながあまり客観的判断で生きておられるから、私のように主観的判断でめしを食う人が出てきたんだなと思っているんですけれどもね。このごろはそういうふうな傾向が強いですね。

谷川　そういうお話は、河合さんがほんとうに専門のそういうお仕事をしていらっしゃる方だという面がもちろんまず第一にあるのですが、うかがっていると、われわれの、たとえば家族関係、友人関係のあいだでも、そこまではせっぱ詰まっていないけれども、同じような局面はつねにあるのですね。

さっきおっしゃったように「死にます」ということを、それをつまり容認するのか止めるのか、さまざまな判断がある。それはいつも河合さんがおっしゃっているように、人間というのは象徴的にいっぺん死ななければ再生がありえないということがもちろんあって、それはわれわれの毎日の生活のなかでも、規模はちがっても、ほんとうに起こってくることだと思うのですね。

そういうときに、河合さんが自分の主観的判断に頼られるその主観的判断というのは、いままでの長い経験によって培われたというか、信頼できるものになったのでしょうか。

河合　経験的なものも大きいけれども、ある程度はその人の素質というのがやはりあるでしょうね。私がいくらすごく努力しても努力しても、おそらく詩を書くことはないし、小説を書くことはないですね。しかし、この仕事をやっていて思うのですが、やはり生まれつきがあるのではないでしょうか。いちばん自分のいいところへ、だんだんだんだんきたのではないでしょうか。初めのうちは数学をやったりしていましたからね。

谷川　その数学からというのがまたほんと不思議なのですね。

河合　数学なんかやっている場合は、客観的判断以外は頼らないというぐらいのことをやってきているのですよ。だから、数学が好きになっているころは解釈がいちばんいやでしたね。だから、物事を解釈する、そんなばかなことあるか、1＋1を解釈する、これは絶対に2になるんですからね、と思っていたのですよ。ところが、いまはまったく解釈の世界に入っているわけでしょう。しかし、いっぺんは徹底して解釈の入らない世界にいたということもすごく大きかったと思いますね。

谷川　ぼくが初めて河合さんにお会いしていっしょにお話ししたときに、なんかよくわからないけど、河合さんがやっていらっしゃることがすごく詩の世界に近いと思った先入観から抜け出せなくて、いまだに河合さんがクライアントと対談しているあいだに、それを言語を通してやっていらっしゃる場合には、もちろんからだぐるみのものもふくめて、なんかそこに非常に大きな創造性があると思うのです。

それを、逆にいえば、詩という一種の文学作品の片割れみたいなものは、むしろその現場みたいなものがつかまえられれば、もっと生き生きした詩が書けるんじゃないかと、どうしても感じてしまうところがあるのですけれどもね。

河合　それがほんとうに不思議なところで、私もいちばんおもしろいと思うのです。だから、私のやっている仕事は科学から程遠いですね。なにに近いかというと、文学の世界とかアートの世界に非常に近いのです。近いんだけど、そうでないというところもある。そして、さっきも言いましたが、その人のその場の発見というのはすごいのだけれども、しかし、そのことをそのままの言葉で書いても詩にならない、そこがすごくおもしろいのですよ。だけど、そこに起こったそのことをパッとつかんで、谷川さんが詩に書けば詩になるんですよ。だから、そこのところの差がものすごくおもしろいと思うのです。

谷川　でも、ちがうものになってしまいますね。R・D・レインの書く詩(邦訳『結ぼれ』、『好き？　好き？　大好き？』みすず書房)なんてのはどうお思いになりますか、レインという人が詩のかたちでいろいろ書きましたね、ぼくなんかあれはあんまりおもしろくなかったのですが、河合さんはあれをお読みになって……。

河合　ぼくもそういうのはあまりおもしろくないですね。そういうことをあまりすべきでないと思いますね。というのは、ぼくらも錯覚を起こすのですよ、なんかたいしたことがわかったような気になるときがありますから。

大江　先生がレインとおっしゃるのは、分裂症の症状を書いた詩ということですか。

河合　レインの詩ですよ。

大江　レインの詩とおっしゃったのは……。

谷川　亡くなったレインの詩で、行別けの詩をあの人書いたでしょう。

河合　あの人のやったことはすごいです。すごいけど、やっていることがあまりすごいので、なんか詩が書けそうに思ったり文が書けそうに思ったりするのは、やはり錯覚だと思いますね。

谷川　だから、河合さんがそういうふうに来た人と話をなさるプロセスは、もちろん具体的にはなにひとつ知らないのですが、お話をうかがっていると、ジャズの即興演奏を思い出します。つまり非常に即興的なものである。

河合　そうですね。

谷川　即興的なもののなかに、いちばん創造というものの姿が見えるという気がしてしようがないのです。

河合　しかし、そこはものすごく難しいところでしょう。まるきり逆がいえて、そういう即興ではなくて、楽譜に書いて、だれでも演奏できるものをつくったから、それこそ芸術だ、そういう言い方がありますね。ところが、即興はその人だけでその場で終わってしまう、だからそれは芸術じゃないなんていう人がいるのですね。私はたしかに即興です、ものすごい即興だと思います。だから、だいいち、よく忘れていますよ。

谷川 当然覚えていたら身がもたない。

河合 やっていて、われながらカッコいいなあと思うときがあるのですが、あとでだれかに教えてやろうと思ったら忘れていることが多いですね。

谷川 そういう経験を夫婦げんかなんかに役立てられますでしょうか。

河合 家族に対するときはまったく別です。

谷川 それは河合さんだからこそ、河合さんとしてはそうおっしゃるけど……。

河合 いや、家族に対するときに心理療法だったら、もう殺されるんじゃないでしょうか。

谷川 そういうふうに対さずにすんでいるということでもあるのですか、もしも家族の方が少し病んだ場合には、そういう心理療法は……。

河合 家族が病むということは、もう私の生き方に完全に関係があるわけでしょうからね。私はそのなかに生きるよりしようがないですね。だから、そんな心理療法もクソもないです(笑)。

谷川　じゃ、それはまったく応用は利かない。長いあいだの河合さんの心理療法家としての経験は、家庭内の出来事には応用は利かないということですか。

河合　ぜんぜん応用できるもんじゃないですよ。

谷川　応用できない？

河合　ぜんぜん応用できるものじゃないですね。応用しようというのがもうまちがっていますよ。だから、心理療法でもそこで生きているわけですからね、その場で生きているわけだから、家庭でもこの家庭の場で生きているのだから、もうシチュエーションがちがいますからね。だから、それは私のクライアントの方がなにかいわれて、「うんうん」と聞くときでも、うちの息子がいうたら「アホー」って言うにきまっていますわ(笑)。

大江　いまの対話をお二人のまんなかで聞いていますとね、谷川さんの質問には両面性があったと思うのです。そして河合先生は、谷川さんの質問の側面Aについてお答えになったけれども、側面Bについてお答えになっていないと思うのです。さて側面Bとはなにかというと、谷川さんは自分の生活のことを考えて、心理学は夫婦げんかに役に立つだろうかということをたずねていられるのではないか。それはどうですか。

河合　それは間接には役に立ちます(笑)。だから、私だって間接的には役立っているでしょうね。だけど、間接に役立っているというのと、それをそのままもってくるのとはちがうのです。

谷川 もちろんぼくはそのつもりでうかがったわけではないんです。いちおう間接的に……。

河合 それはさっき言ったように、ぼくらはテクニックではないでしょう。アートというのはぼくのからだのなかに入っているのだから、これは分離できない、ある意味でいうと。間接的な意味では役には立っているんでしょう。しかし、それはある程度テクニック的に役立てようというのはぜんぜん……。それでよろしいですか、大江さん(笑)。

大江 はい。

河合 そのうちに側面Cなんて出てくるかもしれない(笑)。

谷川 大江さんのところは、無意識をお持ちになっていない大江さんとしては、夫婦げんかなんかはどういうふうにおやりになるのでしょうか(笑)。ふつう夫婦げんかって、だいたい深層意識あたりでもつれ合ってきて、意識に浮上してきて殴り合いになるという経過をとる場合が多いと思うんだけれども……。

大江 私はどうも夫婦げんかということをしませんね。

谷川　結婚以来一度もしていらっしゃいませんか。

大江　私はなににつけてもカンカンに怒る人間ですけれども、男同士だと乱暴したりもしますが、ともかく女性である家内を相手に怒りますと、自分のなかに閉じ籠ってしまうものですから、怒った瞬間にけんかとなりうるものが中断してしまいます(笑)。たとえば、家で話していて、そして私は怒ってしまうことがある。そうすると、私はどんどん自分のなかに入ってしまうものですから、家内はなぜ亭主が怒っているかわからない。しようがないから怒りが消え去るまでほかのことをしているようです。

谷川　「なんで怒るのよ」とか訊かない？

大江　訊きません、そういう性格の人です。若いころは一カ月ほど私が黙っていたことがあります(笑)。

谷川　それも理由がわからずに？

大江　ええ、そのあいだ仕方がないので、家内は『源氏物語』を読んでいたそうです(笑)。

谷川　河合さんの先輩ですね(笑)。

創造と耳をすますこと

大江　いまの話ですけれども、私はこう思うんですよ。最初の河合先生の講演を聞いていて、そこで谷川さんの詩のことを引用されたときに思ったことなのですが、それがいまの話とつながってくると思うのです。

河合先生は、谷川さんの「みみをすます」という詩を読まれた。耳をすますことは重要で、心理分析の中心にあると思うといわれましたね。それは私はほんとうにそうだろうと思うのです。

そして、そのことについて、たとえば、フロイトは平等に漂う注意というものが必要だといった、といわれた。注意というのは人間がひとつの方向に向けてするのだから、平等に漂う注意というのは、言葉として矛盾ではないかということもいわれました。それは「平等に漂う注意」というと矛盾すると思うのですよ。しかし、「注意力」という場合、矛盾しないと思うのです。ひとつに偏らないで、全体に自由に動き回っているような注意力を持つことが必要であるということであると整理しますとね。

フランスに御存じのシモーヌ・ヴェイユという女性の哲学者がいました。ヨーロッパで戦争が終わる前年、日本では終わる前々年、一九四三年に三十いくつで死んだフランスの哲学者ですが、彼女は人生にとっていちばん重要なことは注意力を養うことだといった。そしてそれも、ある勉強、職業をやっていくことによって注意力が具わってくるといった。それは原語でいえば「アタンシオン」だと思いますが、すなわち注意深くあること、ド・トゥト・アタンシオンというかな、注意深くあることが必要だ。

詩人は言葉に対して注意深くあって、つねに耳をすましている。小説家だってやはり耳をすましています。心理学者も耳をすましていられる。その耳をすますということは、なにか起こることを待機している状態ということになるのではないか。

私たち詩人や小説家はなにか新しい作品がやってくるのを待っているのじゃないか。それが詩人や作家、小説家の生活の習慣からきた生活態度、私たちの芸術をつくるうえでの基本的な態度ではないか。医学者の先生方は、相手と自分との関係になにが起こってきても、それに対処しようとして待機している、それが耳をすましていることだと思うのですよ。

いちばん最初にいいましたR・S・トーマスという人の詩に、タイトルは忘れたのですが、こういうものがあります。自分は、神が自分にあらわれてくるということに対して耳をすましていたいというわけなのです。R・S・トーマスは、神がどこかにいて、私たちに語りかけてくるのを待っている、そのために待機しているし、耳をすましているという。

シモーヌ・ヴェイユも、注意力ということは、私たちが祈る能力をつくるためで、それには注意深くあることが必要だという。神を待つということと耳をすます、注意深くあるということがいっしょになっているという点で、R・S・トーマスとシモーヌ・ヴェイユは同じです。

このR・S・トーマスに短い詩がありまして、その詩の最初のほうには、自分は神というものは星にあるとは思わない、しかし、星座を見ていると、星と星とのあいだに暗がりがある、あそこにどうも神がいるのじゃないかと思うということを書いている。また自分はこういうふうに神に向かって手をのばしている。ミケランジェロがつくったアダムという彫刻があるがといいまして、そのアダムが手をのばしているあの手のように私たちが手をのばしていると、向こうから、「レシプロケイティヴ・タッチ」と原語では書いてありますが、互換性というか、自分が与えると人からも与えられるという仕方で、向こうから手をのばして神が自分に触れてくれることがあるかもしれない、そのことを待っているという詩があります。

その詩を私は非常に好きです。私たちにも自分を超えたものというようなことはよくわからない、とくに私にはぜんぜんわかりませんが、しかし、なにかそれを待っている。それに耳をすましている。自分たちを超えたものに耳をすましている。その耳をすます能力をつくるために、三十年なら三十年小説を書いてきて、今度はその習慣から一歩出て、ずっと耳をすましながら勉強をしていよう、注意力を研ぎすませていて、最後に向こうから自分の手に触れるものを待とう。そしてそれがあったらば、もう一度小説を書こうと私は思っています。

耳をすます、待機する、注意深くある、注意力を具える、これらをするということは、どうもひとつのこととしてわれわれの前にあるのではないだろうか。そして、その注意力をつくることは、創造性を養うことに具体的につながっている。

小説を書いたり、ファンタジーを読んだりするということは、自分を超えたものに対して注意する力を、耳をすます能力を涵養してくれることだと私は考えています。

谷川　また最初のほうにちょっと戻ってしまうのですが、どうしても「創造」ないしは、ここにある「創造性」という言葉が自分にぴったりこないのは、ひとつは、創造ということを感じるのが、たとえば、プランクトンの顕微鏡写真を見たときとか、あるいは非常に小さな、自分は名前も知らないような草の葉っぱの形を掌の上に載せてしみじみ見たときとか、そういうすごい細部にある秩序が美しい自然物、そういうものを見たときに、これは人間わざでは絶対につくれないものだ、これはだれがつくったのかわからないけれども、やっぱり創造されたというふうにいうしかないのかなという感動に襲われることがあるのですね。

そうすると、どうしても「創造」という言葉は、一種キリスト教的な神というのかな、そういうものに結びつくのだろうかと思うのです。ぼくはほかの宗教、キリスト教と同じようにほかの宗教についても無知なのですが、仏教のほうでも、河合さん、つまりなんか世界が創造されたという考え方はあるのですか。

河合　いちばん初めに谷川さんが「創造」のことをいわれたときに、やはりキリスト教との差を思っていました。やはり神がすべてを創造されたということを前提に生きている人たちは、クリエーションということが、なんか神の真似をする人間として、わりと実感されるのじゃないでしょうか。

ところが、われわれ、といったって、ここにクリスチャンの方がおられると思いますが、非クリスチャンの、とくに日本の場合はそれがクリエーションの神話ではなくて、ジェネレーション神話なのですね、できてくる、なる、という。

だから、谷川さんの話を聞いていてすごく思ったのは、詩がなってくるのを待っているという感じがあるでしょう。谷川さんと同じ体験を西洋の人が英語でいうと、やっぱり自分のクリエーションはという話をするかもしれませんね。たとえば、さっきの大江さんの注意力のお話も「耳をすます」ということも、ぼくらはよくわかるけど、その相手として唯一の神は、思っていないのですからね。なかなかそれをイメージすることは難しいわけですから。

だから、そういう点で非常に似た体験をしておっても、ぼくらは「クリエーション」の訳語としての「創造」というのはちょっと使いにくい。ただし、内容的にはすごく似たことをやっているのではないかというふうに思います。

谷川　ぼくなんか、耳をすますというのは、例の左脳、右脳の論議なんかにすごく当てはまると思うのですが、特別の音楽とか神の声とかを聞くのではなくて、すべての音を全部平等に聞いてしまいますね。そういうところは、自分の感性が非常に日本的だと思うし、日本語がまたそういうものを表現するのにわりと適している、簡単にいうと、日本語というのは詩的な言語だというふうにおおざっぱに思っているのです。べつにそれは散文の論理構成に適していないということではなくて、たとえば、俳句という世界一短い詩型が成り立つのも、日本語だからこそだというふうに思うのです。

だから膠着語というふうにいわれるけれども、言い換えると、日本語というのは非常にエロスの言語だというふうな感じがしてましてね、短い言葉を切れ切れに五・七・五と結びつけただけで、ある詩的な感興を人に感じさせるし、そういうものを感じる能力をわれわれは持っているというところが、日本語の大きな特質で、それがもちろんどこかで、たとえば、河合さんがさっきおっしゃったように、主体があいまいで、ぜんぜん責任をとらずにすんでしまうとか、腹芸ですむとか、いろいろな欠点にも通じているんだけれども、われわれは日本語を持っていて、少なくとも詩人は得したなという感じがちょっとあるのですが、散文家としてはいかがですか。

大江　いまの五・七・五についての考え方には、私は反対なのです。日本語は膠着語ですから、どんどんどんどん継ぎ足していけますからね、フランス人が持っている文体の考え方とはすっかりちがいます。フランス語では、一語とはいわないけれども、まず三語ぐらい書くときにはもういちばん最後の文体はきまっていると思います。ですから、構造的、建築的です。読者も先を読むことができる。

日本語のようにくっついているものに対して、こういう外国語、ヨーロッパの言葉の特徴として、私は具体的にいちばんわかりやすい言葉でいえば、「アーティキュレーション」ということだと思います。「アーティキュレーション」という言葉は、字引を引くと「アルトゥース」というラテン語からきていると書いてありますが、アルトゥースというのは手足の関節ということです。人間のからだで関節がよく見える器官は手足ですから、手足のこともアルトゥースといいます。そして、関節がはっきり分かれているように、よくきれいに発音することをアーティキュレーションのいい人というふうに言う。私なんかの発音はアーティキュレーションが悪いということができます。

ところが、また先ほどのR・S・トーマスのエッセイのなかから引用すれば、私は世界は滅びるものだということをいつもいつもアーティキュレートしていたいというふうに彼は書いています。それは「表現する」という言葉と同じ意味です。ですから、アーティキュレーションということには、いくつかをはっきり切って、それをつないでいくのが表現だというのがヨーロッパ人の考え方に基本的にあると思うのです。

日本はそうではなくて、切らずにくっつけていくかたちになる。日本語はそういうものです。つねに膠着しているものですよ。そこで、その膠着しているものを詩にするためにどうするかというと切る。俳句は、五・七・五とくっつけるものじゃないと思うのです。五・七・五と切っていくことだと思うのです。

谷川　そうですね、それはそうです。

大江　そして、それとくらべるとはっきりわかるのは、逆に短歌はくっつけるものだ、ということです。五・七・五として切ってつくったものに七・七をくっつけて、なんとなくはまりがいいようにする。五・七・五を人間にたとえると、ちょっとこの人はどうかな、この五・七・五青年と娘を結婚させることは、ちょっと危険な気がすると思っていると、そいつに七・七をくっつけると、おちつく。この五・七・五・七・七青年はなかなかしっかりしたところがあるという感じになる。

つまり、五・七・五という形式は、五音・七音・五音とくっついているものを切っていく感じ。われわれは自分たちの膠着語の日本語という言語を詩につくりだすために、それに関節をつけて切って、その切った関節をはっきりつなげていくということを考えた、それが俳句というものじゃないか。短歌は七七と続けて、またくっつけてしまう形式ではないか。

私たちが、日本語をこれから将来、外国に向けて、それも普遍的なものにつくっていくためには、どうしても切っていくことを考えなければならない。アーティキュレートして、ある文節ごとに意味をはっきりつくって、それが対立し合うものでも、対立なら対立するかたちで文章に構築していくということが、日本語を新しくしていくことだと思っています。とくに日本語からの翻訳を見ていると、膠着的な日本語をなんとか切って、外国語にしたものだということがよくわかりますよ。私たちにとって、どうも普遍化にいたる道は切るということではないか。先ほどは破壊が必要だというのがあった。きょうはどうも破壊的な話が続きましたね。

谷川　まだちょっと破壊が足りないところですけれども(笑)。河合さん、いつか座談のなかで欧米系の言語は、もしかすると、世界的にみた場合に、特殊なものじゃないかということをチラッとおっしゃっていましたね。それをちょっと……。

河合　私は残念ながらよく知らないのですが、欧米の言葉は、いま大江さんが言われたように構築する言語なのですね。ところが、たとえば、ポリネシアのなかにいろいろな言葉がありますね。それからフィリピンなどは二百も三百も言葉があるのですよ。そういうふうにしてずっと数えていって、世界中を見ると、日本語に近いものの方が多いんじゃないかとこのごろ思っているのです。

ああいうふうにすごいアーティキュレートした言葉を持っているというのは、欧米といっても「米」はもちろん「欧」から行ったんですから、ヨーロッパの特徴であってね、むしろ世界中の、たとえば、アフリカとかアマゾン、それぞれ全部調べていくと、ひょっとしたら膠着語のほうが多いのではないかという気がしているのですが、ぼくは研究したわけではないからぜんぜん知らないのです。

これはどこだったか忘れたのですが、どこかの文化人類学者の報告のなかにあって、すごく感激した言葉があります。「ノーと言えない日本人」という言葉があって、日本人は「ノー」と言わないのがすごく悪いようにいわれていますが、そこの文化だったら、相手が「ノー」と言わねばならないようなことを言うのがもう失礼なんだという。だから、その考えによると、アメリカというのは、要するに、すごく失礼だということになります。

それで日本人は「ノー」と言えないとかいって反省しているんだけれども、そもそも相手に「ノー」を言わせないような話をずっと積み重ねていくような文化のほうがほんとうは多くて、そこに「ノー」ということを許すヨーロッパの文化が忽然と起こってきて、そして世界を睥睨してしまったのではないかと、このごろそうも思ったりしているんですけれども、残念ながら、ぼくは言語学者じゃないからこれはわかりません。

それからちょっと話は変わりますが、さっきの大江さんの五・七・五・七・七というのは、ほんとうにおもしろいですね。これは上田秋成の『雨月物語』かなんかだったと思うのですが、崇徳院とか関白の秀次とか「浮かばれない」人たちの怨霊がでてくるのですが、そのなかで歌のやりとりがあります。あるいは五・七・五の歌をつくると、だれかがうまいこと七・七でおさめるのです。そうしたら、うまくおさまりましたといって、怨霊の心の方もおさまるのです。

これはヨーロッパ人だったら、その恨みをどう晴らすか。恨みはどういう方向に、だれに向かうのかということをやってしまわないと、完結しないのです。ところが、日本は七・七でおさまるのですね。このおさめ方というのが日本のいまでもすごく行われているのですよ、手打ち式でもみんなそうですね。

そうした伝統をわれわれはいまだに持っているのですが、私が苦しんでいる人にお会いしていても、五・七・五・七・七的おさめ方が生じるのです。それはなにも私がやるのじゃないですよ、その人がやられるから、それに私は従うだけですけれども。その五・七・五・七・七的おさめ方も、やっぱりおさめ方のひとつだと思いますね、そうでないと、恨みを絶対に晴らさなければならないと思ったら、すごいことになりますからね。そういう知恵も、これは日本だけではなくて、ひょっとしたら、さっき言いましたようにもっともっと世界中にあるのじゃないか。

ちょっとヨーロッパ近代のパターンがどうも強すぎるとこのごろ思っていますので、そのために、それとちがうことばかり考えているのですが、そのなかにこういうふうなこともあるだろうと思うし、もっと文化人類学者の人に研究してもらいたい。人間というものの生き方にそういうふうにいろいろなものがあるんだということを知ることは大事だと思うのです。

谷川　いまの河合さんのおっしゃってくださったことを結びにかえさせていただきます。なんか宿題が残ったような感じもあるのですね。それからきっと大江さんも河合さんもぼく自身もそうですが、もっと「日本語と創造性」ということでは、いろいろ言いたいことがあるのですが、もうそろそろ時間なので、それでは、これで終わらせていただきます。どうもありがとうございました。

第三部　語り

日本語を生きること

谷川俊太郎

日本語の中の断層

「日本語と創造性」というテーマで一番興味を持っていたのは、創造性というとみんなすぐに文学とかそういう公的な作品のことを思い浮かべるんだけれども、河合さんの話を聞いていると、クライアントとずっと対話を続けていくのはやはりすごく創造的だというように河合さんは感じているし、われわれにもそういう経験がある、ということですね。

だから創造性といっても、モノをつくる人間のあいだでだけ問題になるんじゃなくて、日常生活の中で人びとが日々経験していることでもあるはずだと思います。言葉の問題でいうと、普通に話されたり書かれたりしている日常の言葉と、それからわれわれが使うたとえば文学の言葉とが、どこかで乖離しているような感じがあって、ぼくはそのつなぎ目に一番関心があります。それで河合さんや大江さんに夫婦喧嘩の話を持ちかけたんだけど、お二人ともあんまり乗らなかったのはちょっと残念でした。

たとえば英語だと、誰かが講演をしてそれをほとんどそのまま文字に起こしても、書き言葉として読めるというところがあるけれども、日本語の場合、講演をそのまま起こすと、書き言葉としてはほとんど読むにたえないものになることが多い。シンポジウムにもそういうところがあって、日本ではシンポジウムは、議論されている意味内容は「あとでその人たちの本を読めばいい」として、目の前の本人のしゃべり方とか、あるいは訛《なまり》があるかとか、受け答えの仕方とか、一種のプレゼンスを楽しむというところがある。それはそれでぼくはすごくいいというふうに思うんです。

しかし日本語の場合、話し言葉と書き言葉がいまだにすごく乖離してしまっているという問題がある。たとえば書かれた論文が非常に難しくて読みにくい場合でも、その人が普通に話をしていると、意外に理解できるみたいなことが結構あるわけです。

それが明治以後の日本語の非常に大きな問題の一つだという印象を、やはりあのシンポジウムをやっていても感じました。それは当然、日本語の創造性というものとかかわりがあると思うんです。

明治以後、西欧の概念が日本語への翻訳を通して大量に入ってきたこととそれはかかわっています。もちろん漢字が入って中国的な教養が入ってきたときにもそういう問題があったでしょう。たぶんそのころは少数のエリートたちが、そういう中国の言語にしろ文字にしろ知っていて中国の古典なんかも読んでいたわけだから、一種、階級的な断絶があったかもしれないということは想像がつくんです。

だけど明治以後の場合には、そういう階級的な断絶は、学者と一般庶民のあいだにあるのかもしれないけども、別にそうした難しい言葉を使うのが選ばれた人たちだということではなくなって、学生だっていまはどんどん使っているわけだから、言語における階級みたいなものは消滅したはずです。しかしいまだにわれわれには、明治時代に植民地化を避けるために西欧の制度や概念、思想、実際の物とかを急速に輸入した後遺症が残っていて、われわれが使っている漢語が示す概念は、それが中国起源のものであれ、欧米起源のものであれ、いまだに根なし草だという感じがする。

われわれがずっと先祖代々使ってきたいわゆるやまとことば系の言葉とはどうしても相容れないところがあります。根なし草の漢語をいまわれわれはその意味を理解したつもりで使ってしまっているでしょう。そのことが日本語をすごく観念的に上滑りさせているという感覚がぼくにはある。

だから、たとえばぼくなんかが『みみをすます』のように平仮名で詩を書くと、やはり平仮名・漢字混じりで書くときとは違うある質感が出てくるし、それから平仮名だけで書こうとすると、ふだん何気なくわかったつもりで使っている観念、たとえば、どんな言葉でもいいんだけど、「哲学」にしろ、「社会」にしろ、「人権」にしろ、そういう言葉を平仮名で言い換えるということが非常に難しいんです。たとえば「てつがく」とか「じんけん」とかルビを振ったってどうにもならない、それをわれわれのからだと暮らしに根づいた言葉にどうできるか、そこに、日本の近現代のすごく大きな問題が出てくるという気がします。

日本語の根にある詩的なもの

シンポジウムでは最後の方で日本語の特質の話がでましたが、ぼくは言語学者でもないし、日本語以外の言語をよく知っているわけでもない、それは本来、相対的にいろんな言語と比較して、「日本語はこうだ」と言わなければいけないことで、ぼくにはそれができません。ただ、たとえば詩の方で言うと、いま日本のいわゆる現代詩はまったく韻文を失っている。詩というのはもともと、どこの言語でも韻文性というものが一番基本にあったと思うんです。日本ではいわゆる七・五調です。そういうものが千数百年前にどういうふうに成立したのかわからないけど、いまも綿々として続いている。七・五調というのは、いまだにどんなに若い人のからだの中にも入っているわけです。

いま詩の世界でみると、現代詩、つまり韻文性を失った自由詩はどんどん衰えているんだけれども、短歌、俳句はますます人口が増えている。カルチャー・スクールだと定員オーバーして断るぐらい短歌の勉強にくる人もいます。それから実作となると『昭和万葉集』(講談社)なんて出たぐらいで、それを書いている人たちの人数というのは考えられないぐらい膨大なんです。

短歌、俳句を現代詩の人間は自由詩と区別して考えるんだけども、外国から見たらこれは明らかに詩です。とくに俳句は、いま、たとえばＪＡＬなんかが音頭をとって、世界的に子どもたちが俳句をつくる運動というのが展開されています。大岡信さんも取りあげているし、それから金子兜太さんも、これからの俳句は子どもの時代だと言っているそうなんだけれども、そういうものがなかなかおもしろい。日本語を使っている子どもたちはもちろん、外国の日本語以外の言葉を使っている地域の子どもたちも、俳句という形式に自分の表現を見出している。

たとえば英語の場合、「これは五・七・五です」と言われても、ぼくなんかはなぜ五・

七・五なのかよくわからないんだけれども、彼らにとっても五・七・五というのが一種の定型として意識されているところがある。そういう七・五調というものがこれほど長く生き続けてきて、これほど多くの日本語を母語とする人たちにアピールしているというのは、やはり日本語のちょっと珍しい特徴なんじゃないか。

ところが問題は、それじゃその七・五調という韻文、七・五調という定型に内容を盛ればそれが自動的に詩なのか、あるいは自動的にそこに創造的なものが出てきているのかというと、必ずしもそうじゃないわけです。いわゆる「月並み」という言葉があるくらいで、日本語の定型詩の場合には、過去の伝統につながる言葉というのを大事にしてきたところがあります。いまは過去のそういう伝統に関する教養がなくても、みんな短歌や俳句を書いていて、ところがその表現のなかで本当に創造的なものは、やはり非常に数は少ないだろうと思うわけです。

そうすると創造性と一口に言っても、その次元や質というのは多種多様ではないか。普通に生活している人たちが、別に大して野心もなく、とにかく五・七・五をひねり、五・七・五・七・七を書いている場合の創造性、それはそれでその人に対してある救いをもたらしているだろうと思うし、身近な人たちとの一種の心の交流の働きも持っていると思うけれども、われわれから見ると、これは必ずしも創造的なものではないかもしれない。こういうものはもう過去にあったんじゃないかというものもいっぱいあるわけです。

だからそうした七・五調の定型の中に盛られた創造性は、一方でごく普通の生活者の間でのある創造性は持つけれども、芸術作品というような目でみた場合にはそれほど十分な創造性は持っていない。そこのところで日常に話されている言語と、たとえば作品言語みたいなものとのあいだの質の違いみたいなものが、かかわってくると思うんです。日本語と創造性といった場合に、その質をやっぱり見なければいけなくて、それは必ずしも同じ平面では論じられないんじゃないか。

たとえば河合さんがクライアントと対話しているときの創造性というのは、読者が一人である、というふうにみることもできるわけです。それはもちろんある意味で作品よりはるかにダイナミックなものなんだけれども。だけどわれわれが目指しているものは、やはり一人の読者ではなくて、もっと多くの、つまり一種の普遍性みたいなものを求めていて、一人でも多くの人に読んでもらって感動してもらえる創造性と、それから具体的な一対一の人間関係の中での創造性というのはやはりちょっと違うものなんだという気がする。だけど日本語の創造性を考える場合には、その両方にまたがっているはずです。

日本語と普遍言語

日本語と普遍的な言葉という話がシンポジウムで出ました。現実の言語はいくら頭で考えてもそのとおりには絶対変わらないわけだから、詩を書いているぼく自身の一つの覚悟と言えばいいか、こういう方向に行きたい、ということを語るしかないでしょうが、ぼくの場合にはやはり大江さんとはもしかすると反対の方角じゃないかという気がしています。大江さんは明らかに、西欧的な論理性がきちんとした、分節された言語が世界言語になりうると考え、日本文学も日本語もそういう方向に行ったほうがいいというわけでしょう、おおざっぱに言ってしまえば。

ぼくは、もちろんその方向も必要だとは思うけれども、自分が詩を書いているときは、簡単に言うと、さっき言ったようにわれわれがふだん何気なく使っている漢語——西欧的な概念を中国の文字を通して日本語に移しかえた言語——をできるだけわれわれの本当の母語に近づけたいということです。具体的に言うと、たとえば平仮名にひらくということもその一つですが、それと同時に、いまだにわれわれの身についていない「民主主義」なら「民主主義」という言葉を、われわれが実際に暮らしながら経験を積み重ねていくことで、いまは何か一つの硬い殻みたいに思われている言葉に、もっとからだとか生活に結びついた豊かな意味を与えていくことができないか、ということなんです。

いま全部平仮名に戻れといったってそんなことは不可能なわけです。そんなことをしたらコミュニケーションができなくなります。だから、いまある漢語に本当に日本人自身の意味を与えていくということが必要だと思います。

その場合、それが西欧的な概念をもっと深くわれわれのものにすることで可能かというと、ぼくは必ずしもそうは思っていなくて、もっと日本的なもの、あるいはもう少し広くアジア的なものをそこに内容として与えていくことで、ヨーロッパ、アメリカから来たいろんな概念をもうちょっと違うものに変えていけるんじゃないか。現実にまたそういうことも起こってきているという感じがするんです。

具体的に言えば、われわれがたとえば家庭内で話をするにしろ、友人と話をするにしろ、あるいは公的に何か話したり書いたりするにしろ、そういう観念語を並べることは避けて、その観念がよって立つところの日常の感覚みたいなものにできるだけ近づいた言葉を使うというのが必要だという気がする。そういう意味でぼくはやはり日本語の殻を破る、破壊するということを考えてしまうんです。

だから、われわれの中にいまだに残っている本来のやまとことば的な母語の、質感とかやわらかさとか感覚とか、それからそこでの歴史に根ざした意味というようなものを、まだある程度取り返すことが可能であると思います。それはたぶん深層意識の中に沈んだものであるとは思うんだけれども、それを意識化して、日本語に反映していくべきじゃないかというふうに思うんです。

今回佐野さんがこられなくて残念だったんですが、女性の言葉はこれを考える時に非常に重要だと思います。もちろん女性で詩を書いたり小説を書いている人のなかにも非常に男性化している人もいる。だから現実の女性が書く言葉というよりも、日本語のなかの何か女性的な部分というのでしょうか。それは『源氏物語』から綿々と伝統があるわけだから、そういうものにもう一度市民権を復活させるということが必要だという気がします。

ただ、それを女性的な言語というふうに言えるかどうかもちょっと疑問なところがある。取りあえず女性がそういう言葉を使う場合が多い。だけど男性でも、たとえば、深沢七郎は日本の現代の男性言語とは全然違う言語が使えた人だという気がします。だから男性の文学者のなかにも、われわれがいま使っている言語を破壊するような言語が使える人がいると思います。ただそういう言語はやはり非常にからだに密着しているし、毎日の生活に密着している言語だから、男はなかなかそれをちゃんと理解できないんじゃないか。

それから、学校教育なんかでは——仮に女性的言語というけれども——そういう女性的言語よりもむしろ男性的言語、つまり明快に秩序だった言語を使うことをすすめていると思うんです。だけど、たとえばぼくらが山下清の文章なんかを読んで、ちょっとびっくりするというのはやはり新しい言語の可能性を示しているからのような気がします。

詩的なものへの感受性

日本人の言語以前の感性の中には詩的なものに対する相当強い感受性が潜んでいると思います。そういう感受性もたぶん古代からの日本語によって培われてきたものでしょう。ぼくがよく挙げる例は、テレビのコマーシャルです。外国に行って見ていると、商品の名前を連呼したり、あるいは自分の商品と他の会社の商品を比較して優劣を言ったりという極めて論理的なものが多いんですよね。

だけど日本のコマーシャルの一つの特徴は、詩的なコマーシャルが多いということだと思うんです。たとえばよく電車の中吊りなんかで見るけれども、ただ大きな木が一本草原に立っているだけという写真でエア・コンの宣伝をしている。ぼくはあれはやはり見る人の詩的な感受性に訴えているという気がする。

それから、前にカンヌで賞を取ったコマーシャルで、雨の中を子犬がトボトボ歩いていくだけというのがあった。それは何のコマーシャルか見ているうちはわからないんだけど、終わったときにただポンとウイスキーが出てくる。ぼくはたぶん外国の人はそういうものをコマーシャルとしては認めないんじゃないかと思っていたけど、それがちゃんと賞を取ったところをみると、やはり日本語以外の言語を母語としている人たちのなかにも、そういう詩的なものがたしかに潜んでいると思うんです。だけどああいうものがつくれて、しかも企業がそれに合意してCMとして成り立つというのは、日本人の深層意識の中に一種のそういう詩的な感性が非常に濃くあるからだと思います。

それは短歌、俳句の隆盛ともかかわりがあるだろうと思います。自分を、個というものを強烈に、つまり弁舌で豊かに表現するよりも、短歌とか俳句みたいに、ある意味では曖昧な自分をそんなに強烈に主張しない形で表現するほうが日本人に合っているのではないでしょうか。

そうした詩的な見方というのは、日常の、たとえば金が要るとか、あるいは組織の中で競争するとか、そういう人間の現実を構成しているものからちょっと離れたところで、利害とは関係のないところで世界を見る見方と言えばいいのでしょうか。

日本人はそれを風流とかそういう言葉で——わび、さびなんかも大きな意味ではそういうものに近いのかもしれないけれども——ずっと持ち続けてきて、それをちゃんと言語にしたり、あるいは作品にしたりしてきています。そういうものが一部の芸術家のものであり権力者のものであったのかというと、たしかにそういう面はあったにしても、いまでも巷《ちまた》の人たちのあいだにも感性として受け継がれているという気がするんです。

だから、短歌にしろ俳句にしろ、はっきりした韻文の定型の中で自分の気持ちを解放することで、ごちゃごちゃしたせめぎあう日常の感情から一瞬離れることができて、自分を距離をとって見ることができる、それが救いにつながっているんだろうと思うんです。

短歌、俳句で表現されればはっきり形として目に見えるけれども、そういう詩的なもので自分の人生を見る目というのは、日本人が潜在的に持っているという感じがします。それは必ずしも現代詩の詩作品とかそういうものに限らない、もっと何かいきいきと生きて動いているものではないのか。そのなかには当然通俗なものもありますが、でもそれを、これはたぶん日本人に限らず、人間が必要としているんだろうという気がします。

たとえば世界的にいま音楽市場というのが非常に巨大になってきて、文学よりかはるかに先に音楽はそれこそ世界言語として流通しています。それはテクノロジーの問題もあるし、翻訳が不要だということもあるし、いろんな違いがあるんだけれども、あれもぼくは広い意味でみると、日常性からほんのちょっとでも浮き上がって、何か自分を解放したいという欲求につながっているという気がするんです。

ぼくはこうしたことを広い意味で詩的なものへの欲求と見ています。簡単に言えば、ぼくはいま人間の生活を散文と詩の対立というふうに見ているんです。それは相補うものであって、つまり散文的なものの見方なしでは現実生活はおくれないわけだし、かと言って散文的な見方だけでは、人間というのはやはり魂にある飢えを感じるだろうというふうに言えて、その散文でも最も極端な形がコンピューター言語だと思っています。

普遍語への翻訳

コンピューターもファジーとか言い出しているけれども、やはり0と1で割り切れる、完全に論理で組み立てられた言語というものがいまの社会を牛耳っている。そういうもののプレッシャーを誰でも感じているのではないでしょうか。

これはもちろん日本語に限った問題ではないんですが、日本語の場合には――ほかにもいろいろ言語があるから一概には言えないが――、アルファベットを基本にし、西欧世界で発明され普及されてきたコンピューターに対して、平仮名・漢字混じりということだけでも、それに対するある批評的な立場を持っているという感じがします。

コンピューター言語的なものだけでは日本語のもつ詩的な特質をおきかえていくことは不可能だと思います。それはコンピューター言語を持ち出さなくても、とくに詩の場合には翻訳は最初から不可能だということを前提にしないとできないと思います。

たとえば平仮名・漢字混じりの文章はやはり見かけからして全然違うわけだし、平仮名を一種のアルファベットとして読んでいって、そこに突然、表意文字としての漢字が出てくるときの質感の差なんていうものは、アルファベットだけで表記された言語には絶対移らないでしょう。そんな表面的なことひとつとっても、翻訳というのは本当の意味では不可能だと思うんです。

ただ、だから翻訳は意味がないということには全然ならなくて、やはり翻訳可能なところまでは翻訳しなければいけないし、またそれはできる。

日本特殊論をとなえる人もいますがぼくはそうは思いません。ぼくは河合さんと同じ意見で、文学作品の中の一行二行をそのまま翻訳してもそれは通じない、という大江さんの意見は正しいけれども、通じさせるためのもっと基本的な部分での共通の学び合いは絶対に必要だし、事実、世界はそういうふうに動いていると思うんです。

たとえばいきなり「コーラン」を読んでも訳がわからないにしても、イスラム世界の歴史を勉強してその人びとと共にもし生活するとすれば、やはりわかってくる部分というのは当然あると思う。だから、川端康成は翻訳不可能であるという前に、日本の文化の長い伝統を、たとえば河合さんやあるいはもっとほかの学者でもいいけれども、もっと丁寧に伝えていくことで、最終的には川端文学だって理解可能なものになるし、そういう形でもっていかないとやはり世界文学というものは意味がないんじゃないでしょうか。ここはわからないから翻訳しないでおこうとか、どうせわからないんだから翻訳しないでおこうということはあり得ないんじゃないか。

いまや通信手段というものがワールド・ワイド・ウェッブになったわけだから、技術的には、つまり量的には非常に可能性があるわけです。あとはそこでの質の問題でしょう。

文化人類学がこんなにみんなの興味を引くのも、あるいは河合さんのやっていらっしゃる心理学でもすごく読者が増えてきているのも、言語に表れた意味だけじゃなくて、言語の下に横たわっているいろんな個人の深層意識、あるいは民族の深層意識、それにかかわる歴史みたいなものを少しでも理解していきたいと思っているからじゃないでしょうか。

書き言葉と話し言葉

それから日本語の問題で大きいのは先ほどの書き言葉と話し言葉の乖離ということがある。話を詩を例にしていうと、ぼくはいま詩の朗読をやりますが、詩人の自作朗読というのはぼくが詩を書き始めたころにももちろんあったわけです。それはどういうものかというと、たとえば北原白秋の肉声をＮＨＫが収録したレコードで聴くというふうなものでしたから、ぼくは音声メディアが詩にとって大事だとは書き始めたころは思っていなかったんです。

それがアメリカへ行ったときに、「おまえは詩人なら自分の詩をよんでみろ」といわれた。向こうで盛んだった自作朗読を知ってぼくはだんだん目を開いていって、やはり印刷メディアと同様に音声メディアは詩にとって必要だし、むしろ音声メディアのほうが本来の詩のメディアであったということにも気がついたんです。だからいまでは、自分が詩を声に出して読むことと、それから印刷された雑誌や本で発表することとの間には基本的に区別はつけてはいません。

そのうえで、音声メディアではどうしても伝わらない詩があるというのもぼくは認めます。詩人によってもそういう詩しか書かない人もいるし、自分の詩でもこれは音声メディアで語っても駄目だろうというものがあるのは確かなんです。それが英語やフランス語の詩との違いの一つだと思うんだけれども、一つには、漢字の同音異義というのが非常に多くて誤解されてしまうということもあるし、最初にいったような漢語というのは非常に観念的、概念的な根なし草的な意味を負っていて、それが音声言語の瞬間的な伝達にどうしても適さなくて、何度も読み返さないと意味が取れないというようなもっと大きな問題もあると思います。

朗読というのはやはりからだぐるみのものなんです。つまり、そのときの自分の体調も影響するし、それから聴衆がどういうふうに身構えているかとか、ホールの音響効果まで影響する。印刷された言葉というのはまったくからだを失っていてそういうことは一切ないわけですね。だから印刷に比べると朗読ははるかに全人的に読者(聴衆)に対しているわけです。そこにどうしてもインター・アクションみたいなもの、呼応作用が起きます。言いかえれば、言葉がいきいきしますね。

印刷メディアはやはりどうしても不特定多数の人を相手にしていて、その相手からの反応は、批評とか感想という形でしか返ってこない。朗読の場合にはその場の反応というのがあります。つまらないとみんな出ていったり、居眠りしたりするわけだし、おもしろければ笑ったり、いきいきしたりしてくれているわけでしょう。そうした本来言語が持っている全体性みたいなものを音声メディアは回復してくれる。その意味でこれは書き言葉よりも話し言葉に近いものです。ぼく自身も誰か親しい人に話しかけるように読むというのが基本になっていると思います。そうじゃない読み方をする詩人たちももちろんいますが。

日本語にはあまり雄弁術の伝統がないということもありますね。でもぼくは、やはり明治以来の西欧的な概念みたいなものを漢語によって輸入したということが、一番大きく日本語を制限していると思っています。

公的な言語・私的な言語

本来の話し言葉、たとえば人と四方山話《よもやま》をしたり、あるいはゴシップなんかを話しているときには、抽象語というのはほとんど入ってこないわけです。そこではすごくいきいきとおもしろい交流が可能なんですが、真面目に天下国家を論ずるということになるとどうしても観念語が入ってきます。観念語が入ってくると途端に言語が非常に公的なものになってしまって、自分自身が生きている日々の現実とうまく結びつかなくなるというところがある。その乖離が日本語の場合は大きいと思うんです。それが日本語の創造性をある面で抑圧しているという気持ちがすごくあります。

たとえば国会中継なんかで政治家の話し方を聞いていると、あれほど非創造的なものはないという気がする。それで政治における創造的なものはすべて、ぼくは国会みたいな表の場ではなくて、料亭とか根回しとかという裏の場で行われていて、そこではたぶん政治的な言語が非常に創造的に働いているだろうと思うんです。もちろん言語だけじゃなくて金も創造的に働いているんだろうと思いますが(笑)。

日本人の中では、一対一で四方山話をしているのと、ある数の人間を相手にしてちょっと改まった話をするときとの落差が大きい。これは日本人の個というものの確立の仕方とたぶん関係があると思います。

たとえば小学校で子どもが友だち同士で騒いでいるときは、実に自由な言葉でいきいきとみんなやっていますよね。ところが、その同じ子どもが黒板の前に立って何か発表しなさいというと、もう大体からだつきからして違ってくるし、まったく違う言語で発表するわけ。それを教師の側も子どもたちに要求する。これは見ていると極めて奇異な感じがするし、不愉快なんです。子どもの言語が小学校の二年生や三年生ですら、そこで死んでしまう。これがたぶん話し言葉と書き言葉の乖離というものの一つの雛形だという感じがします。だからすごく根が深い。

それをもう一つの面で切れば、公的な言語と私的な言語の乖離というふうに言うこともできると思います。これはもっと俗っぽく言うと、本音と建前です。国会答弁なんていうのは全部建前で言っているわけでしょう。実際の本音というのはもっと隠れたところでやられている。日本語に限らずすべての言語にそういうものがあるにしても、日本語の場合にはとくにそのダブル・スタンダードみたいなものが強く働いているという気がします。

だから詩を書くときでも、詩人たちのあいだに詩を一種の公的な言語というふうに捉えて、そこでふだんの日常会話では使わない言葉を使ってしまうという書き方をする人がずいぶんいると思います。だけど実際に言語というのは——すべての言語がそうでなければいけないんだけど——、現実の日常生活の本当に細かいところに生まれたものがだんだんに抽象化されてきて、たとえば哲学用語になるというふうなものなわけでしょう。ギリシア語の哲学語はすべて日常的な意味をちゃんと持っているけど、日本の哲学用語というのはまったく日常的な意味から切り離されて訳がわからなくなっています。これがぼくは近現代の日本語のやはり最大の問題だというふうに思うんです。

どのように言葉を発見するか

そうした乖離をどう乗りこえていくかということがわれわれの前に課題としてあると思うんです。それは生きていくことと言葉に深くかかわった問題だし、シンポジウムのテーマ「日本語と創造性」はまたそうした問題としても考えられるでしょう。ぼくはシンポジウムでも言いましたが、「創造」という言葉じたいが観念的なんで、「つくる」という言葉には「作」も「造」も「創」もあって、何でクリエイトという言葉に創造という漢字を当てはめなきゃいけないかということがあると思います。その言葉が邪魔をして、普通に夫婦がしゃべっている言葉は全然創造的ではなく、詩人の言葉は創造的だみたいな誤った観念に導かれるのだという気がします。本来はそこは一つにつながっているはずなんです。

だけど、前にもいったように、創造性といっても次元の違いというのがあって、たとえば短歌や俳句なんかは定型があるからわりとイージーにつくれてしまう面もあるけれども、そのなかにもやはり建前の言葉というのはいっぱい入ってきていると思うんです。だから割り切って言ってしまえば、ぼくは建前からは創造的なものは生まれないと思っているんです。

簡単に言うと、日常会話であれ、短歌を書くにしろ俳句を書くにしろ、あるいはほかのものを書くにしろ、やはり本音を書かなきゃ創造的にはなれない。説教じみて言えば、みんなが本音をもっと語れば日本語はいきいきしてくる、創造的になってくるのではないか。これは日常会話も、論文も芸術作品も問わないという気がします。ただその本音をつかむということがまた極めて難しい。

シンポジウムにも出てきたけれども、やはりマスメディアが流す決まり文句、決まりきった物事の見方みたいなものにわれわれが毒されていて、言語以前の現実に根ざした自分の言葉を非常に見つけにくくなっている。そういう意味では、子どもの言葉というのはまだ彼らの日常生活に結びついているから、大人の言葉よりはいきいきしているんだけれども、それも学校教育がそうした見方をつくり上げるのに手を貸していて、子どもの言葉も急速に建前的に画一化してきているというふうにぼくは思います。

あとがき

河合隼雄

まず、本書の成立の経緯について述べておきたい。それには、話を一九九二年まで遡らさなければならない。北海道の小樽市にある絵本・児童文学研究センター主催の、第一回のセミナーに私が参加したのは一九九二年六月のことであった。これは、私が児童文学が好きでそれに大いに肩入れしているのと、同センター所長、工藤左千夫さんの児童文学に対する並々ならぬ情熱に動かされたこととが重なったためである。

セミナーに参加して驚いたのは、まずそれに千二百名もの人が集まったことと、この行事が小樽市をあげてなされている、と言っても大げさでないほどの熱気をそこに感じたことであった。そして、そこに結集された力が思いがけない強さと方向性をもち、絵本・児童文学研究センターの企画による「児童文学ファンタジー大賞」の設定として結実してきた。

児童文学やファンタジーというものが、わが国でマイナー扱いをされていること、文化的なことでも東京一極集中がすすみすぎていること、に対する反撥も手伝って、小樽市をあげての熱意にもほだされ、私は柄にもなく、この「ファンタジー大賞」の選考委員長をお引受けした。そして、この大賞の第一回受賞記念大会にあわせて、第二回のセミナーを開くことになり、そこでこの「日本語と日本人の心」が企画されたのである。そして、その記録から本書が生み出されることになった。

最初に私が「日本語と日本人の心」について講演をし、それを踏まえながら、谷川俊太郎さんを司会者として、大江健三郎さん、佐野洋子さんに私が出席者になって、「日本語と創造性」という題でシンポジウムを行うことになった。参加者はいずれも多忙を極めている方々であるが、快く承諾されて、喜んでいたが、佐野さんが当日体調が悪く欠席されたのはまことに残念なことであった。

本書はそのときの、私の講演とシンポジウムの記録に加えて、司会役の谷川さんは自分の意見を述べる機会があまりなかったので、編集者がお会いして、御自分の考えを語っていただき、それを記録してつけ加えたものである。前二者が話し言葉なので、谷川さんにもそのようにしていただいて統一することにした次第である。

全体をいま通読してみて、このようなことをしてよかったと感じている。佐野さんが来られなかったのはほんとうに残念だったが、全体が「日本語で話したこと」をそのまま記録してあるので、なんだか余計なことも入っているようだが、そのためにかえって「日本語」というものの味を直接的に感じさせられるところがある。再読しながらでも、思わず笑ってしまうようなところで、またふっと考えこまされたりする。読者の皆様が、参加者それぞれの語り口に乗っていきながら、ところどころで立ち止まって、「日本語」について、「創造」について、自分の考えを発展させていかれる緒《いとぐち》を提供することになれば、まことに嬉しいことと思う。

シンポジウムを読んで、谷川さんの誘導の巧みさと大江さんのユーモアによって色づけされた真摯な言葉には、あらためて感心させられた。大江さんの、「私たちは、日本語が創造的に豊かでなくてもあっても、それと無関係に、私たちが最期を迎えるときに、個人的な死でもいい、世界全体の死でもいい、世界を見渡しながら、あるいは家族を見渡しながら、人間の美しさということについて話したり、言葉を胸のなかに思い浮かべたりするものではないでしょうか」という言葉は、われわれにとっての「日本語」というものの重みをずしりと感じさせる。なんのかのと言う前に、私たちは日本語によって縛られている。

その自覚が必要である。

日本語と普遍性についての討論も重要である。「自分に日本人としての祈りということがあるとすれば、それを日本語で書く。それが外国語で訳される。そしてその国の文学としても通用してゆく、そのような言葉を書きたい」と大江さんは言う。普遍性ということに最初からとらわれすぎていると、おそらくそれは蒸留水のようになってしまうのではなかろうか。日本人として日本語で書く、というよりは「自分」から出発するとそのことは避けられる。そしてそれは翻訳可能であり、他の文化のなかでも通用するものになる。

しかし、ここで余程注意しないと、谷川さんの言うように「固有の伝統的な文化が、世界的な普遍化によってどんどん失われ」ることになりかねない。おそらく、これは発想の出発点を抽象的な普遍にゆだねてしまうとそうなるのであって、大江さんの言うように、「個」から出発して普遍にいたろうとすることによって、それは避けられるのではなかろうか。そういう点で、心理療法家というのは、作家や詩人と共通していると私は考えている。創造的な「作品」を残すことはないが。

梅原猛さんと雑談していたときに、「河合さんは書くことが第一義ではないやろ」と言われて、さすがによく見ているなと思ったことがある。シンポジウムに参加していて、谷川さんと大江さんの創作過程の差が明らかにされて非常に興味深かったが、いずれにしろ「書くこと」に賭けるお二人の姿勢の厳しさが痛いほど伝わってきた。それに比べると、確かに私は「書くこと」を第一義にしていない。これは私がやたらに本を書ける要因のひとつかも知れない、などと反省した。私の第一義はもちろん、心理療法の場で人に会うことである。

谷川俊太郎さんによる「日本語を生きること」も、読んで感心したり、考えさせられたりするところが多かった。言葉に「もっとからだとか生活に結びついた豊かな意味を与えていくことができないか」という点は、まったく同感である。私は自分の職業上、そのことに大いに腐心していると言える。谷川さんの言う「根なし草」のような「漢語が示す概念」を臨床の場で使っても何の意味もない、そこで、何とか生きた言葉を使うように努力している。このような態度は、私の講演にも持ちこされ、自ら認めるように——そして谷川さんも言うとおり——「講演をそのまま起こすと、書き言葉としてはほとんど読むにたえないもの」になってしまう。ここのところに「日本語」の難しさがある。

とは言うものの、本書の「講演」の記録は、「語り」をできるかぎりそのまま生かすように心がけた。もちろん記録を出版することを心に留めて話をした、ということもあったが。これをどう評価するかは読者におまかせしたい。シンポジウムにおいてもそうであるが、大江さん、谷川さんという存在に助けられて、わりに自由勝手に話をしているのに、まずまず「読める」内容になったのでは、と自負しているのだが、どんなものだろうか。

谷川さんは「公的な言語」と「私的な言語」との「乖離が日本語の場合は大きいと思うんです。それが日本語の創造性をある面で抑圧しているという気持ちがすごくあります」と言っている。そして、既に述べたように、「話すこと」と「書くこと」の乖離も大きい。こんなことに注目すると、ここに、講演やシンポジウムなどすべて「話し言葉」でなされたことを、「読みもの」として提供すること自体、「日本語」のもつ難しさや創造性などについて、ひとつの挑戦を試みたことにもなっている。評価は読者の御判断にまかせるより他ないが、こんな冒険に敢て乗って下さった大江さんと谷川さんには心から感謝の言葉を申しあげたい。

このような企画を推進していく上で大変な努力を払って下さった、小樽の絵本・児童文学研究センターの所長、工藤左千夫さんをはじめスタッフの皆様、そして、小樽市長をはじめとする小樽市あげてと言いたいほどのバックアップ態勢に対しても、心からお礼申しあげたい。日本の北の町に生まれた児童文学に対する熱い想いが日本中に広がっていくことを願っている。

本書の編集に力をつくして下さった岩波書店編集部の樋口良澄さんにお礼申しあげたい。

一九九六年三月

岩波現代文庫版あとがき

河合隼雄

『日本語と日本人の心』が岩波現代文庫として出版されることになり、大変有難く、嬉しく思っている。同書は出版以来、版を重ね多くの人に読んでいただいたが、ここに文庫本として、より広くの人に接していただくことになるのは、ほんとうに有難いことである。

本書の成立の経緯については、既に「あとがき」中に述べているので省略するが、小樽の絵本・児童文学研究センターの発展について、少しだけ触れておく。本書は同センター主催の第二回のセミナーの記録であるが、セミナーは毎年続けられて多くの参加者を得ている。その記録は順次、岩波書店より出版され、第六回の記録は近く、『声の力――歌・語り・子ども――』として出版される予定である。このときも、本書に登場する谷川俊太郎さんが参加して下さったのは嬉しいことであった。同センターは、最近NPOの認可を受け、ますます発展してきている。日本の文化が栄えてゆくためには東京一極集中を避け、日本のあちこちに、多様性のある中心地ができることが必要である、と私は考えている。そのことの一環として、小樽の絵本・児童文学研究センターの活動があると思い、私も及ばずながら、それに参画してきている。

グローバリゼーションの波が高まるなかで、日本人はいかに生きてゆくべきか、という論議が盛んである。そのなかで、「日本語」も「日本人の心」も共に、非常に大切なトピックである。そのときに本書が文庫として出版されるのは、実に時宜を得たことである、と思っている。ただ、ここで大切なことは、日本の固有性ということで、ひとりよがりになったり、世界の動きに遅れをとってしまってはならないし、さりとて、グローバリゼーションの波のなかに日本の姿が埋没するのも駄目である、という二面性の存在を認識することである。このような両面作戦を遂行してゆく上において、日本語について、日本人の心について多面的に考えることは、必要なことである。本書がそのために少しでも役立つならば、著者一同として、まことに幸いと言わねばならない。

この文庫本の出版にあたっては、岩波書店編集部の加瀬ゆかりさんに格別のお世話になった。ここに厚くお礼申しあげる。

二〇〇二年二月

本書は一九九六年四月、岩波書店より刊行された。

（本書の第一部、第二部は絵本・児童文学研究センター主催、「児童文学ファンタジー大賞創設記念第二回文化セミナー・日本語と日本人の心」〈一九九五年一一月二六日、小樽市民会館〉の記録である）

日本語と日本人の心

2002年3月15日　第1刷発行
2023年5月15日　第9刷発行

著　者　大江健三郎《おおえけんざぶろう》　河合隼雄《かわいはやお》　谷川俊太郎《たにかわしゅんたろう》

発行者　坂本政謙

発行所　株式会社 岩波書店
〒101-8002 東京都千代田区一ツ橋 2-5-5

案内 03-5210-4000　営業部 03-5210-4111
https://www.iwanami.co.jp/

印刷・精興社　製本・中永製本

ISBN 978-4-00-602051-4　Printed in Japan

岩波現代文庫創刊二〇年に際して

二一世紀が始まってからすでに二〇年が経とうとしています。この間のグローバル化の急激な進行は世界のあり方を大きく変えました。世界規模で経済や情報の結びつきが強まるとともに、国境を越えた人の移動は日常の光景となり、今やどこに住んでいても、私たちの暮らしは世界中の様々な出来事と無関係ではいられません。しかし、グローバル化の中で否応なくもたらされる「他者」との出会いや交流は、新たな文化や価値観だけではなく、摩擦や衝突、そしてしばしば憎悪までをも生み出しています。グローバル化にともなう副作用は、その恩恵を遥かにこえていると言わざるを得ません。

今私たちに求められているのは、国内、国外にかかわらず、異なる歴史や経験、文化を持つ「他者」と向き合い、よりよい関係を結び直してゆくための想像力、構想力ではないでしょうか。

新世紀の到来を目前にした二〇〇〇年一月に創刊された岩波現代文庫は、この二〇年を通して、哲学や歴史、経済、自然科学から、小説やエッセイ、ルポルタージュにいたるまで幅広いジャンルの書目を刊行してきました。一〇〇〇点を超える書目には、人類が直面してきた様々な課題と、試行錯誤の営みが刻まれています。読書を通した過去の「他者」との出会いから得られる知識や経験は、私たちがよりよい社会を作り上げてゆくために大きな示唆を与えてくれるはずです。

一冊の本が世界を変える大きな力を持つことを信じ、岩波現代文庫はこれからもさらなるラインナップの充実をめざしてゆきます。

（二〇二〇年一月）

B333
六代目圓生コレクション
寄席育ち
三遊亭圓生

圓生みずから、生い立ち、修業時代、芸談、噺家列伝などをつぶさに語る。綿密な考証も施され、資料としても貴重。〈解説〉延広真治

B334
六代目圓生コレクション
明治の寄席芸人
三遊亭圓生

圓朝、圓遊、圓喬など名人上手から、知られざる芸人まで。一六〇余名の芸と人物像を、六代目圓生がつぶさに語る。〈解説〉田中優子

B335
六代目圓生コレクション
寄席楽屋帳
三遊亭圓生

『寄席育ち』以後、昭和の名人として活躍した日々を語る。思い出の寄席歳時記や風物詩も収録。聞き手・山本進。〈解説〉京須偕充

B336
六代目圓生コレクション
寄席切絵図
三遊亭圓生

寄席が繁盛した時代の記憶を語り下ろす。各地の寄席それぞれの特徴、雰囲気、周辺の街並み、芸談などを綴る。全四巻。〈解説〉寺脇研

B337
コブのない駱駝
―きたやまおさむ「心」の軌跡―
きたやまおさむ

ミュージシャン、作詞家、精神科医として活躍してきた著者の自伝。波乱に満ちた人生を自ら分析し、生きるヒントを説く。鴻上尚史氏との対談を収録。

2023.5

岩波現代文庫［文芸］

B338-339
ハルコロ(1)(2)
石坂啓漫画
本多勝一原作
萱野茂監修

一人のアイヌ女性の生涯を軸に、日々の暮らしや祭り、誕生と死にまつわる文化など、アイヌの世界を生き生きと描く物語。〈解説〉本多勝一・萱野茂・中川裕

B340
ドストエフスキーとの旅
―遍歴する魂の記録―
亀山郁夫

ドストエフスキーの「新訳」で名高い著者が、生涯にわたるドストエフスキーにまつわる体験を綴った自伝的エッセイ。〈解説〉野崎歓

B341
彼らの犯罪
樹村みのり

凄惨な強姦殺人、カルトの洗脳、家庭内暴力と息子殺し……。事件が照射する人間と社会の深淵を描いた短編漫画集。〈解説〉鈴木朋絵

B342
私の日本語雑記
中井久夫

精神科医、エッセイスト、翻訳家でもある著者の、言葉をめぐる多彩な経験を綴ったエッセイ集。独特な知的刺激に満ちた日本語論。〈解説〉小池昌代

B343
ほんとうのリーダーのみつけかた 増補版
梨木香歩

誰かの大きな声に流されることなく、自分自身で考え抜くために。選挙不正を告発した少女をめぐるエッセイを増補。〈解説〉若松英輔

2023. 5

岩波現代文庫［文芸］

B344
狡智の文化史
―人はなぜ騙すのか―
山本幸司

嘘、偽り、詐欺、謀略……。「狡智」という厄介な知のあり方と人間の本性との関わりについて、古今東西の史書・文学・神話・民話などを素材に考える。

B345
和の思想
―日本人の創造力―
長谷川櫂

和とは、海を越えてもたらされる異なる文化を受容・選択し、この国にふさわしく作り替える創造的な力・運動体である。〈解説〉中村桂子

B346
アジアの孤児
呉濁流

植民統治下の台湾人が生きた矛盾と苦悩を克明に描き、戦後に日本語で発表された、台湾文学の古典的名作。〈解説〉山口守

B347
小説家の四季
1988―2002
佐藤正午

小説家は、日々の暮らしのなかに、なにを見つめているのだろう――。佐世保発の「ライフワーク的エッセイ」、第1期を収録！

B348
小説家の四季
2007―2015
佐藤正午

『アンダーリポート』『身の上話』『鳩の撃退法』、そして……。名作を生む日々の暮らしを軽妙洒脱に綴る「文芸的身辺雑記」、第2期を収録！

2023.5

岩波現代文庫［文芸］

B349
増補
もうすぐやってくる尊皇攘夷思想のために
加藤典洋

幕末、戦前、そして現在。三度訪れるナショナリズムの起源としての尊皇攘夷思想に向き合うために。晩年の思索の増補決定版。

〈解説〉野口良平

B350
大きな字で書くこと／僕の一〇〇〇と一つの夜
加藤典洋

批評家・加藤典洋が自らを回顧する連載を中心に、発病後も書き続けられた最後のことばたち。没後刊行された私家版の詩集と併録。

〈解説〉荒川洋治

2023. 5